Der Minutenkoch

schmeckt. schneller.

Thomas R.P. Sixt

Der Minutenkoch

schmeckt. schneller.

KOSMOS

schmeckt.schneller.

Schon während meiner Ausbildung bei Alfons Schuhbeck in Waging am See hatte ich Gelegenheit, bei befreundeten Gästen zu Hause zu kochen, und konnte den Unterschied zwischen einer Gastronomieküche und einer gut ausgestatteten Privatküche kennen lernen. „Mis en place" – perfekte Vorbereitung ist das Geheimnis der Profiküche: die besten Zutaten stehen portioniert, klein geschnitten und gehackt bereit, die würzigsten Brühen und Fonds sind einsatzfertig, damit das eingespielte Küchenteam in kurzer Zeit die raffiniertesten Gerichte zaubern kann. Doch der normale Küchenalltag sieht anders aus. Da ist Umdenken angesagt, was die Vor- und Zubereitung von Gerichten und Menüs betrifft.

In den letzten Jahren konnte ich in mehr als 800 Kochveranstaltungen und -kursen die vielfältigsten Erfahrungen sammeln, wie man mit bis zu 25 Personen „Gourmetküche für jeden Tag" zubereitet. So war und ist es immer eine besondere Herausforderung für mich, mit meinen „kochenden Gästen", die meist nicht allzu viel Kocherfahrung haben, in weniger als 3 Stunden ein dreigängiges Menü zuzubereiten. Mit Zutaten aus dem Super- oder Wochenmarkt, die ein vorgegebenes Budget möglichst nicht überschreiten sollen.

Dabei habe ich viele Möglichkeiten entdeckt, Gerichte zeitsparender, aber trotzdem raffiniert und schmackhaft zuzubereiten, unter Einsatz spezieller Techniken und Arbeitsgeräte. Das Know-how, das ich mir im Laufe der Zeit angeeignet habe, ist im „Minutenkoch" verarbeitet. Denn es ist mir ein besonderes Anliegen, mein Wissen und Können praxisnah weiterzuvermitteln, damit auch Sie Ihre Familie und Ihre Gäste kulinarisch verwöhnen können.
„schmeckt.schneller." – das gilt von nun an auch für Ihre Küche.

Ich wünsche Ihnen viel Spaß beim Kochen, Probieren und Genießen.
Ihr

PS: Wenn Sie Fragen oder Anregungen haben, Einkaufslisten im Internet abrufen möchten, zögern Sie nicht, nehmen Sie mit mir Kontakt auf unter: www.derminutenkoch.de

Hinweise zur Minutenküche

Alle Rezepte sind für 2 Personen berechnet.

Zu jedem Rezept gibt es ein Foto, viele Tipps und Varianten sowie als zusätzliches „Plus“ weitere nützliche Informationen für die Vor- und Zubereitung.

Alle Zeitangaben für die Rezepte und Menüvorschläge sind durchschnittliche Erfahrungswerte. Die tatsächlich benötigte Zeit kann allerdings aufgrund Ihres persönlichen Arbeitstempos und der Beschaffenheit Ihres Herdes, Ihres Kochgeschirrs und der Zutaten etwas davon abweichen.

Abkürzungen

EL	=	Esslöffel (gestrichen)
TL	=	Teelöffel (gestrichen)
g	=	Gramm
l	=	Liter
cl	=	Zentiliter
Msp.	=	Messerspitze
°C	=	Grad Celsius
TK- ...	=	Tiefkühl- ...

Umrechnungstabelle

1 EL Butter	=	ca. 10 g
1 TL Butter	=	ca. 5 g
1 EL Öl	=	ca. 10 ml
1 TL Öl	=	ca. 5 ml
1 EL Milch	=	ca. 10 ml
1 EL Mehl	=	ca. 10 g
1 TL Mehl	=	ca. 5 g

Symbole

Hilfreiches für die Vor- und Zubereitung der Gerichte

Das können Sie auch genießen, wenn Sie auf Ihre schlanke Linie achten

Getränke, die besonders gut dazu passen

Damit machen Sie auch bei Ihren Gästen Eindruck

Was gut für Körper und Seele und für die Liebe ist ...

So gelingt die Minutenküche

Damit es schneller besser schmeckt, braucht man nicht nur die richtigen Rezepte und Zutaten, sondern natürlich auch das entsprechende Handwerkszeug. Neben einem guten Herd – Gas- und Induktionsherde sind hier die erste Wahl – gibt es noch einige wichtige Küchenhelfer, bei denen Sie besonders auf Qualität achten sollten. Denn mit einem stumpfen Messer und einer schlechten Pfanne kocht es sich nicht gut und macht auch keinen Spaß.

Damit schneiden Sie gut ab

Gute Messer gehören zu den wichtigsten Küchenutensilien und können bei guter Pflege ein ganzes Kochleben halten. Ich empfehle Ihnen als Grundausstattung:

- ein Brotmesser (mit langer Klinge mit Wellenschliff für Brot und andere Lebensmittel mit harter Kruste oder Haut)
- ein mittelgroßes Kochmesser (mit einer Klinge von 20–25 cm, vielseitig einsetzbar für Fleisch, Fisch und Gemüse sowie zum Hacken von Kräutern)
- ein Officemesser (kleines Küchenmesser mit kurzer Klinge von 8–10 cm, zum Putzen, Schälen und Zerschneiden von Gemüse und Obst)
- Tranchiermesser und -gabel

Die beste Unterlage für alle Schneidarbeiten sind Holzbretter, an denen Sie bei richtiger Pflege lange Freude haben. Reinigen Sie das Brett mit Spülmittel und lassen Sie es alle 1–2 Wochen in feuchtem Zustand mit Salz bedeckt über Nacht stehen. Das Salz zieht die Feuchtigkeit aus dem Brett, tötet alle Bakterien und beseitigt Gerüche. Am nächsten Tag das Salz abklopfen und das Brett mit Olivenöl einreiben.

Eine lohnenswerte Anschaffung für die schnelle Küche ist auch eine multifunktionale Reibe. Mit ihr können Sie Gemüse und Obst schneiden, reiben, raspeln und hobeln und durch verschiedene Einsätze Scheiben, Stifte, Würfelchen und Streifen herstellen.

Ein Stabmixer sollte in keiner Küche fehlen, damit können Sie blitzschnell Saucen aufmixen, Suppen pürieren und auch in der Dessertküche ist dieses Arbeitsgerät vielseitig einsetzbar.

Töpfe & Pfannen

Zum Kochen und Braten empfehle ich Ihnen hochwertiges Guss- und Edelstahlgeschirr. Um Speisen schnell und gleichmäßig zu erhitzen, sollten die Töpfe und Pfannen einen dicken, optimal wärmeleitenden Boden haben. Achten Sie bei Töpfen auf gut schließende Deckel und ofenfeste Griffe.
Eine gute Anschaffung ist auch ein Topf mit einem Dampfaufsatz oder ein Dampfgarer, um Speisen besonders vitamin- und mineralstoffschonend zuzubereiten.

Beschichtete Pfannen haben zwar den Vorteil, dass man wenig Fett braucht und nichts anhängt, aber ich persönlich verwende sie ungern, da sich Kratzer meist nicht vermeiden lassen. Gusspfannen bilden nach einiger Zeit eine Patina, die ebenfalls verhindert, dass das Bratgut anklebt.
Als Grundausstattung reichen 3 Pfannen:

- eine kleine Pfanne für Eierspeisen und Pfannkuchen aus Gusseisen,
- eine mittelgroße Pfanne für Fisch aus Edelstahl,
- eine große, hohe Pfanne mit Deckel für Fleisch aus Edelstahl oder Gusseisen. Die große Pfanne ersetzt auch den Wok.

Grundvorrat für alle Fälle

Auch wenn die Zeit mal nicht mehr für den Einkauf reicht oder sich Überraschungsgäste ankündigen, lässt sich doch schnell was Raffiniertes auf den Tisch bringen, wenn man die richtigen Vorräte im Haus hat.

Im Vorratsschrank:

- Mehl, Reis, verschiedene Nudelsorten, Couscous, Hülsenfrüchte
- Zucker, Salz, Pfeffer, Tomatenmark, Senf, Currypaste, Gemüsebrühe, Hühnerbrühe, Balsamicoessig
- Oliven im Glas, geschälte Dosentomaten, getrocknete, eingelegte Tomaten
- Schokolade (zartbitter, weiß), Obst (Glas oder Dose)
- Olivenöl, Sonnenblumenöl (hochwertige Speiseöle sind wärme- und lichtempfindlich, deshalb grunsätzlich im (Kühl-) Schrank aufbewahren)
- Kartoffeln, Knoblauch, Zwiebeln (kühl und trocken lagern)
- Weißwein, Rotwein

Im Kühlschrank:

- Eier, Milch, Sahne, Crème fraîche
- Hartkäse (z. B. Pecorino oder Parmesan)
- Gemüse (Zucchini, Paprika o. ä.)

Im Gefrierschrank:

- Blätterteig, Strudelteig
- Gemüse, Suppengemüse, Zwiebel- und Knoblauchwürfel (gekauft oder selbst auf Vorrat zubereitet), Beerenmischung
- Fleisch (Hackfleisch und portionsweise eingefrorenes Fleisch wie Putenschnitzel, Hähnchenbrust, Rindfleischscheiben)
- Fisch und Meeresfrüchte (z. B. Zander, Dorsch, Garnelen; tiefgekühlter Fisch wird fangfrisch sofort verarbeitet und schockgefrostet, daher sind Qualität und Frische hier meistens besser gewährleistet als bei frischem Fisch)

Starter-Minuten

Vorspeisen sind der appetitanregende Auftakt zu einem Menü und die richtige Einstimmung auf die folgenden Genüsse. Die raffinierten Salate, Häppchen und Spieße bringen Abwechslung auf Ihren Speiseplan und sind auch ideal als schnelles, kleines und feines Abendessen.

Radicchiosalat mit Gorgonzola-Kartoffel-Würfeln

Fertig in 20 Minuten

ZUTATEN

1	große Kartoffel	5 EL	Distelöl
2	Knoblauchzehen	1 Kopf	Radicchio
3 EL	Rotweinessig	1	kleine Aubergine
1 EL	Wasser		schwarzer Pfeffer
1 Prise	Majoran	3 EL	Sonnenblumenöl
	Salz, weißer Pfeffer und Zucker	80 g	Gorgonzola
		2 TL	gehackte Walnüsse

ZUBEREITUNG

5_ Kartoffel schälen, würfeln und gar kochen. Inzwischen den Knoblauch fein schneiden. Essig und Wasser in eine Schüssel geben, die Gewürze und den Knoblauch hinzufügen und mit einem Schneebesen gut verrühren. Anschließend das Distelöl langsam einlaufen lassen, dabei ständig weiterrühren, damit sich Essig und Öl gut vermischen.

15_ Den Radicchio in mundgroße Stücke pflücken und in reichlich kaltem Wasser kurz waschen, anschließend mit einem Tuch oder in der Salatschleuder trocknen. Die Aubergine in Scheiben schneiden und in einer Pfanne mit dem Sonnenblumenöl kräftig anbraten.

20_ Die Auberginenscheiben wenden und mit Salz und Pfeffer würzen. Das Salatdressing kräftig aufrühren und den vorbereiteten Radicchio darin marinieren. Mit Salatbesteck herausnehmen, kurz abtropfen lassen und auf Tellern anrichten. Auberginenscheiben, Kartoffelwürfel und kleine Gorgonzolastückchen über den Salat geben und mit den Walnüssen bestreut servieren.

plus

Salatdressing können Sie gut auf Vorrat zubereiten. Verwenden Sie dazu ein Glas mit Schraubverschluss. So verschlossen können Sie das Dressing problemlos 1 Woche im Kühlschrank aufbewahren.

Auberginen enthalten ätherische Öle und Bitterstoffe. Diese wirken bei Erschöpfung und stärken die Nerven.

Salat mit Honig-Garnelen

Fertig in 20 Minuten

ZUTATEN

100 g	Rucola	6	Cocktailtomaten
100 g	Friséesalat	10	geschälte Garnelen
2 Scheiben	Toastbrot	2 EL	Sonnenblumenöl
60 g	Butter	1 TL	Honig
	Salz, weißer Pfeffer	0,1 l	Cognac
6	Basilikumblättchen	1	Zitrone

ZUBEREITUNG

Die beiden Salate putzen, waschen und in mundgerechte Stücke pflücken. Das Toastbrot würfeln. Die Brotcroutons in einer Pfanne mit der Butter knusprig braten, mit Salz und Pfeffer würzen. Zum Schluss die entstielten Basilikumblätter dazugeben. Die Cocktailtomaten halbieren, salzen und
5_ pfeffern.

Die Garnelen in einer Pfanne mit dem Sonnenblumenöl anbraten, nach dem Wenden mit dem Honig glasieren und kurz karamellisieren. Mit Cognac ablöschen und flambieren. Die Zitrone auspressen. Die Garnelen
15_ mit der Hälfte des Zitronensaftes, Salz und Pfeffer abschmecken.

Salate mit Salz und Pfeffer würzen, mit dem restlichen Zitronensaft und dem Olivenöl marinieren und auf Tellern anrichten. Cocktailtomaten und die Garnelen in den Salat setzen, den entstandenen Garnelenbratenfond über den Salat träufeln und die knusprigen Basilikumcroutons über
20_ den Salat streuen.

plus

Die Weißbrotcroutons können Sie schon eine Stunde, bevor die Gäste kommen, zubereiten. Kurz vor dem Servieren schieben Sie die Croutons nochmals kurz unter den Grill.

Wenn Sie Riesengarnelen verwenden, können Sie auch diese vorbereiten und bei Bedarf unter dem Grill wieder erwärmen. Der entstandene Saft wird so noch würziger und die Garnelen werden nicht trocken.

tipps

- So können Sie ganz einfach und sicher flambieren: Den Cognac in einer kleinen Kasserolle erwärmen und entzünden. Den brennenden Cognac über die Garnelen gießen. Fertig!
- Achten Sie beim Einkauf des Friséesalates darauf, dass er viele gelbe Blätter hat. Sie sind nicht nur optisch sehr schön, sondern auch besonders zart und schmackhaft.

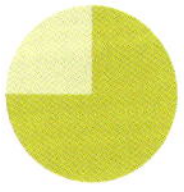

Fertig in **45** Minuten

Menüvorschlag

1 *Bunter Blattsalat*

2 *Lammrücken* → *Seite 98*

3 *Schokoladen-Cappuccino* → *Seite 108*

Bunter Blattsalat mit Balsamicozwiebeln

Fertig in 20 Minuten

ZUTATEN

10	kleine Schalotten	3 EL	Weißweinessig
0,1 l	Balsamicoessig		Salz, Pfeffer
0,1 l	Hühnerbrühe	2 TL	gemischte italienische Kräuter, frisch oder tiefgekühlt
4 EL	Pinienkerne	5 EL	Maiskeimöl
6 Scheiben	Speck	200 g	Salatmischung (z. B. Radicchio, Frisée und Lollo Rosso)
1	Zucchini		
1	Knoblauchzehe		

ZUBEREITUNG

Einen Topf mit ca. 1,5 l Wasser zum Kochen bringen, Salz hinzufügen. Schalotten schälen und mit Balsamico und der Hühnerbrühe in eine Kasserolle geben. Die Zwiebeln ohne Deckel garen. Mehrmals wenden, dabei reduziert sich die Flüssigkeit und wird dicklich und sirupartig. Evtl. noch
5_ Wasser hinzugeben, den Gargrad der Zwiebeln durch Anstechen prüfen.

In einer Pfanne die Pinienkerne ohne Zugabe von Fett anrösten, herausnehmen und die Speckscheiben knusprig braten. Zucchini waschen, trockentupfen und der Länge nach in dünne Scheiben hobeln. Die Zucchinischeiben in ein Sieb geben und mit dem kochenden Salzwasser überbrühen, anschließend mit kaltem Wasser übergießen. Die Zucchini haben so den
10_ idealen Gargrad.

Knoblauch fein schneiden. Mit dem Weißweinessig, Salz, Pfeffer und den italienischen Kräutern in einer Schüssel verrühren. Dann erst das Öl nach
15_ und nach kräftig unterrühren.

Salat mit dem vorbereiteten Dressing in einer Schüssel marinieren und auf Tellern anrichten. Die Balsamicozwiebeln jeweils mit einer Zucchinischeibe umhüllen und mit einem Zahnstocher fixieren. Die Zwiebeln, den knusprig
20_ gebratenen Speck und die Pinienkerne auf den Salat geben und servieren.

plus

Salatmischungen können Sie bis zu 4 Tage im Kühlschrank aufbewahren. Dazu den Salat in mundgerechte Stücke pflücken, waschen, trocknen und in einer Schüssel abgedeckt mit einem feuchten Küchentuch kühl stellen.

Die Balsamicozwiebeln im Zucchinimantel eignen sich auch ideal als Fingerfood auf einer Party. Entsprechend vorbereitet können Sie diese Köstlichkeit schnell aus dem Kühlschrank „hervorzaubern".

tipps

Damit der Salat das Dressing gut aufnehmen kann, sollten Sie ihn vor dem Marinieren stets trockenschleudern. Falls Sie keine Salatschleuder haben, verwenden Sie ein sauberes Küchentuch. Den Salat in die Mitte des ausgebreiteten Tuches legen, die vier Enden zusammennehmen, so dass ein Säckchen entsteht, und trockenschütteln.

Für die wirklich schnelle Küche empfehle ich Ihnen, die Pinienkerne auf Vorrat zu rösten und nach dem Abkühlen in ein Glas mit Schraubverschluss zu füllen.

Blattsalate mit Gemüse und Kartoffelchips

Fertig in **25** *Minuten*

ZUTATEN

4	Wachteleier	0,1 l	Balsamicoessig
1	Kartoffel	2 TL	Crème fraîche
9 EL	Sonnenblumenöl	200 g	Salatmischung (z. B. Endivie, Radicchio und Feldsalat)
	Salz, weißer Pfeffer	1 EL	Kürbiskerne
1 Blatt	Weißkraut		
1	Karotte		

ZUBEREITUNG

5_ Die Wachteleier in einem Topf mit 1 l Wasser 3 ½ Minuten kochen, anschließend in kaltem Wasser abschrecken. Wachteleier halbieren und mit einem kleinen Löffel aus der Schale lösen.

15_ Eine Pfanne erhitzen. Die Kartoffel schälen, mit dem Hobel in feine Scheiben schneiden und mit 5 EL Sonnenblumenöl in der Pfanne zu krossen Chips braten. Mit Salz und Pfeffer würzen.

20 Das Weißkrautblatt in feine Streifen und die Karotte in Scheiben schneiden. Balsamico, Crème fraîche, das restliche Öl, Salz und Pfeffer zu einem cremigen Dressing verrühren.

25_ Salat mit dem Dressing in einer Schüssel marinieren und auf Tellern anrichten. Die Kartoffelchips, Kürbiskerne, Wachteleier, Karottenscheiben dazusetzen, ebenso das fein geschnittene Weißkrautblatt.

plus

Marinieren Sie Blattsalat immer erst kurz vor dem Servieren, dann bleibt er schön knackig. Zum schnellen und gleichmäßigen Marinieren können Sie das Salatdressing auch in eine Sprühflasche füllen und damit „punktgenau" Geschmack platzieren.

Das cremige Balsamicodressing kommt besonders gut bei Gästen an und schmeckt sogar Salatmuffeln.

tipps

Sie können die Wachteleier natürlich auch durch normale hart gekochte Eier, in Spalten geschnitten, ersetzen.

Lauwarmer Thai-Hackfleischsalat

Fertig in 15 Minuten

ZUTATEN

1	Limette	2 Scheiben	Ingwer
1 Bund	Koriander	2 TL	Sojasauce
2	Knoblauchzehen	1	rote Chilischote
250 g	Rinderhackfleisch		etwas asiatische Salatmischung
3 EL	Erdnussöl		

ZUBEREITUNG

5_ Die Limette auspressen, den Koriander waschen und fein hacken. Die Knoblauchzehen fein schneiden.

10_ Das Hackfleisch in einer großen Pfanne mit dem Erdnussöl gleichmäßig anbraten. Ingwer und Knoblauch dazugeben, mit dem Saft der Limette, Sojasauce und dem Koriander abschmecken.

15_ Die Chilischote waschen, entkernen und in feine Scheiben schneiden. Einige asiatische Salatblätter in einem Schüsselchen anrichten. Hackfleischsalat dazugeben, mit Chilischotenscheiben dekorieren und sofort servieren.

plus

Das Anbraten von Hackfleisch gelingt am besten in einer Guss- oder Eisenpfanne. In Asien kocht man gerne mit Eisengeschirr, da der Glaube, dass die Kraft des Eisens auf das Essen übergeht, hier weit verbreitet ist.

Chili – der Scharfmacher der Azteken – bringt auch heute noch den Blutdruck in Wallung. Also bitte nicht übertreiben!

tipps

Hackfleisch habe ich immer tiefgekühlt im Vorrat. So kann ich jederzeit und blitzschnell etwas Pikantes zaubern.

Dreierlei Löffelhappen

Fertig in 30 Minuten

Räucherlachs auf Dillgurken

ZUTATEN

2 Scheiben	Räucherlachs	1 TL	Dill
2 TL	Sauerrahm		Salz, weißer Pfeffer
1 TL	Zitronensaft	1/2	Salatgurke

ZUBEREITUNG

5_ Räucherlachs aus dem Kühlschrank nehmen, damit er sein Aroma entfalten kann. In einer Schüssel Sauerrahm mit Zitronensaft, Dill, Salz und Pfeffer verrühren.

10_ Die Gurke waschen und in die vorbereitete Sauce hobeln. Kurz ziehen lassen und mit Salz und Pfeffer abschmecken. Gurkensalat abtropfen lassen, auf Löffelchen anrichten und den Räucherlachs dazusetzen.

Fertig in 55 Minuten

Menüvorschlag

1 Löffelhappen

2 Hähnchenbrust in Alufolie → Seite 94

3 Blätterteig-Törtchen → Seite 115

Süß-saures Gemüse mit Garnelen

ZUTATEN

4	getrocknete Mu-Err-Pilze (chin. Morcheln)	1 TL	Honig
4	Brokkoliröschen	2 TL	Weißweinessig
2	Riesengarnelen		Salz, Pfeffer
1 EL	Sonnenblumenöl	1 TL	rote Pfefferkörner

ZUBEREITUNG

5_ Mu-Err-Pilze einweichen. Brokkoliröschen in einem Sieb über kochendem Wasser bissfest garen, die Pilze gegen Ende der Garzeit dazugeben.

10_ Die Riesengarnelen in einer Pfanne mit dem Sonnenblumenöl anbraten, mit dem Honig glasieren und mit dem Weißweinessig ablöschen.

15_ Das Gemüse zu den Garnelen geben, im Bratensaft marinieren, mit Salz und Pfeffer abschmecken und anrichten. Die Löffelhappen mit einigen roten Pfefferkörnern garnieren.

Tomaten mit Pecorino

ZUTATEN

6	Cocktailtomaten	2 TL	geriebener Pecorino
8 Blätter	Rucola	2 TL	geröstete Pinienkerne
1 EL	Olivenöl		Salz, weißer Pfeffer
1 EL	Balsamicoessig		

ZUBEREITUNG

5_ Cocktailtomaten halbieren, den Stielansatz entfernen, in eine Schüssel geben. Rucola waschen, trockentupfen und grob zupfen. Zu den Tomaten geben, salzen und pfeffern, Olivenöl und Balsamico dazugeben und marinieren. Tomaten und Rucola auf Löffelchen anrichten, geröstete und gesalzene Pinienkerne und Pecorino darüberstreuen.

plus

Die Löffelhappen lassen sich sehr gut vorbereiten, so bleibt Ihnen viel Zeit für Ihre Gäste. Für den *Räucherlachs auf Dillgurken* den Salat gut durchziehen lassen und vor dem Servieren nochmals gut abschmecken. Das *süß-saure Gemüse* können Sie schon 2 Stunden vor dem Eintreffen der Gäste zubereiten und abgedeckt ziehen lassen. Die *Tomaten mit Pecorino* erst ganz am Schluss mit dem Balsamicoessig „parfümieren".

tipps

Die Löffelhappen können Sie auch jeweils als eigenständige Vorspeise zubereiten und als Teil eines Menüs servieren.

Das Gemüse wird am besten in einem Dampftopf oder Dampfgarer zubereitet. Sie ersparen sich damit aufwändiges Blanchieren und Abschrecken mit Eiswasser und die wasserlöslichen und hitzeempfindlichen Vitamine bleiben so am besten erhalten.

Fertig in 60 Minuten

Menüvorschlag

1 Orientalische Vorspeisen

2 Zanderfilet → Seite 73

3 Zabaione → Seite 113

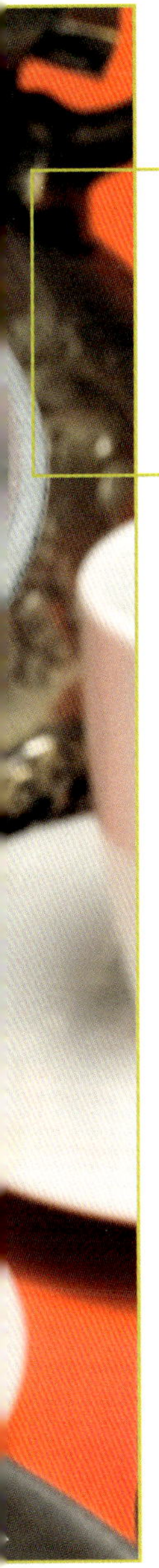

Orientalische Vorspeisen

Fertig in **25** *Minuten*

ZUTATEN

Für die Kichererbsen:

150 g	Kichererbsen aus der Dose
3 TL	Tomatenmark
0,1 l	Hühnerbrühe
1 Prise	Kümmel
2 TL	gehackte Petersilie
	Salz, weißer Pfeffer

Für die Karotten:

4	Karotten
2 TL	Koriander
1 TL	Honig
	Salz, weißer Pfeffer

Für den Couscous:

0,2 l	Hühnerbrühe
150 g	Couscous
5	schwarze Oliven
5	Minzeblättchen

ZUBEREITUNG

5_ Die Kichererbsen mit dem Tomatenmark, der Hühnerbrühe, dem Kümmel und der Petersilie marinieren und mit Salz und Pfeffer abschmecken.

10_ Die Karotten in Scheiben schneiden und im Dampftopf bissfest garen. Koriander fein hacken. Karottenscheiben mit dem Honig leicht karamellisieren, den Koriander dazugeben und mit Salz und Pfeffer abschmecken.

20_ Hühnerbrühe aufkochen, den Couscous hineingeben und kurz quellen lassen, evtl. abgießen.

25_ Die Oliven halbieren, mit dem Couscous und den Minzeblättchen vermischen und anrichten.

plus

Die orientalischen Vorspeisen sind von mir geschmacklich auf den mitteleuropäischen Gaumen abgestimmt worden. Sie eignen sich besonders als Vorspeisenvariation für Vegetarier. Wenn Sie noch gebratene Garnelen oder Lamm dazureichen, haben Sie ein vollwertiges Buffet für den Abend.

Frischer Pfefferminztee passt besonders gut zu diesen Vorspeisen oder auch ein Rosé aus der Provence.

tipps

Reichen Sie zu den Vorspeisen Rosinen und karamellisierte Mandeln. Das rundet den Geschmack wunderbar ab und ist ohne großen Aufwand herzustellen.

Servieren Sie frisches Fladenbrot dazu, das Sie über oder im Toaster kurz erwärmen.

plus

Die Garnelen-Gemüse-Spießchen können Sie lauwarm oder kalt servieren.

Ein ausgezeichnetes Gericht für Gäste, da es prima vorbereitet werden kann. Wenn die Gäste eintreffen, einfach die Spieße nochmals einige Minuten im Backofen bei 120 °C sanft erwärmen und servieren.

Koriander wird auch die persische oder chinesische Petersilie genannt. Das zitronenartig-pfeffrige Aroma macht angeblich müde Männer wieder munter.

tipps

- Bei den Garnelen immer den Darm entfernen, dafür die Garnelen auf der Oberseite leicht einschneiden.
- Braten Sie Garnelen nie zu lange, sonst werden sie gummiartig.
- Für die Spießchen sind Riesengarnelen empfehlenswert, denn sie können problemlos wieder erwärmt werden.

Garnelen-Gemüse-Spießchen

Fertig in 15 Minuten

ZUTATEN

1 TL	Sonnenblumenöl	1	Karotte
6-8	Garnelen	6	Brokkoliröschen
1 TL	Honig	1 Bund	Koriander
	Salz, weißer Pfeffer	0,1 l	Sojasauce

ZUBEREITUNG

Sonnenblumenöl in einer Pfanne erhitzen. Die Garnelen darin anbraten, mit dem Honig glasieren und leicht karamellisieren, mit Salz und Pfeffer würzen. Die Karotte in Scheiben schneiden und mit den Brokkoliröschen am besten im Dampfeinsatz oder im Dampfgarer
10_ bissfest garen.

Abwechselnd Garnelen, Karottenscheiben und Brokkoliröschen auf einen Holzspieß stecken. Koriander waschen und fein hacken. Die Spießchen auf einer Platte anrichten. Reichen Sie dazu frischen
15_ Koriander und Sojasauce.

Chinesische Frühlingsecken

Fertig in 20 Minuten

ZUTATEN

250 g	Weißkraut
150 g	Rinderhackfleisch
7 EL	Erdnussöl
1 Bund	Koriander
2 EL	Sojasauce
1 Päckchen	Strudelteig

ZUBEREITUNG

Backofen auf 200 °C vorheizen. Das Weißkraut mit dem Hobel in feine Scheiben schneiden und in einer Pfanne mit dem Hackfleisch kräftig in 2 EL Erdnussöl anbraten. Koriander waschen und grob zupfen, dazugeben. Die Hackfleisch-Kraut-Mischung mit Sojasauce abschmecken und abküh-
5_ len lassen.

Strudelteig auspacken, eine Lage Strudelteig mit Öl bepinseln und eine weitere Lage Strudelteig darauflegen. Ebenfalls mit Öl bepinseln und in Quadrate schneiden. Die Füllung darauf verteilen – sie darf ruhig noch lauwarm sein – und den Teig zu Dreiecken falten. Die Nähte fest an-
10_ drücken und die Frühlingsecken auf beiden Seiten mit Öl einpinseln.

Auf ein mit Backpapier ausgelegtes Blech legen und im vorgeheizten Ofen
20_ ca. 6–10 Minuten knusprig braun backen und anrichten.

Varianten

Füllen Sie die Frühlingsecken statt mit Rinderhackfleisch und Kraut auch einmal mit Schweinehackfleisch und verschiedenen Gemüsesorten wie Austernpilzen, Lauch und Karotten. Oder probieren Sie Garnelen oder Fisch als Füllung.

plus

Mit Öl bepinselt können Sie die Frühlingsecken einige Stunden bedeckt im Kühlschrank aufbewahren und so gut vorbereiten.

Die Kombination von Weißkraut und Hackfleisch ist ein optimaler Energielieferant.

tipps

Lassen Sie die Frühlingsecken nach dem Backen kurz auf Küchenpapier abtropfen.

Suppen-Minuten

Diese Rezepte würden auch den Suppenkasper überzeugen! Ob als feiner erster Gang beim Menü, als gehaltvoller Fisch- oder Gemüseeintopf oder eisgekühlt als sommerliche Erfrischung – etwas Köstliches sind Suppen allemal und schnell zubereitet außerdem.

Kohlrabi-schaumsuppe

Fertig in 20 Minuten

plus

Kohlrabi enthält viel Magnesium und Vitamin C, das gibt Power!

Wenn Sie bei Ihren Gästen glänzen wollen, verfeinern Sie die Kohlrabischaumsuppe mit etwas weißem Trüffelöl. Einfach mit der Butter am Schluss dazugeben und mit dem Pürierstab aufmixen.

tipps

Knackige, kraftvolle Blätter kennzeichnen den jungen und zarten Kohlrabi. Sind die Blätter abgeschnitten, ist das meistens ein Zeichen für längere Lagerung!

ZUTATEN

50 g	Butter	0,1 l	Sahne
2	Kohlrabi	1 Prise	Muskat
0,1 l	trockener Weißwein		Salz, weißer Pfeffer
0,2 l	Hühnerbrühe		

ZUBEREITUNG

5_ Die Hälfte der Butter im Gefrierfach kalt stellen. Kohlrabi knapp unter dem Grün abschneiden, so dass ein Deckel entsteht. Die Knollen mit einem Kugelausstecher aushöhlen und dabei einen dicken Rand stehen lassen.

10_ Die ausgestochenen Kohlrabistücke mit der anderen Hälfte der Butter ca. 5 Minuten in einem Topf anschwitzen und mit dem Weißwein ablöschen.

15_ Hühnerbrühe dazugeben, aufkochen lassen. Die Sahne in die kochende Flüssigkeit geben und mit Salz, Muskat und Pfeffer abschmecken. Die eiskalte Butter kurz vor dem Servieren in die Suppe geben.

20_ Das Ganze mit dem Pürierstab aufmixen und in die ausgehöhlten Kohlrabi füllen.

Rote-Bete-Süppchen

Fertig in 15 Minuten

ZUTATEN

4	Rote Bete, vorgegart und geschält	0,1 l	Sahne
1	Zwiebel	1 Prise	Muskat
50 g	Butter	1 Prise	gemahlener Kümmel
0,1 l	trockener Weißwein		Salz, weißer Pfeffer
0,2 l	Hühnerbrühe		etwas Petersilie

ZUBEREITUNG

Die Rote Bete und die Zwiebel in feine Würfel schneiden und in einem Topf mit der Hälfte der Butter anschwitzen. Die andere Hälfte der Butter
5_ im Gefrierfach kalt stellen.

Rote Bete und Zwiebelwürfel mit dem Weißwein ablöschen, mit der Hühnerbrühe auffüllen und aufkochen. Die Sahne in die kochende Flüssigkeit
10_ geben und mit Muskat, Kümmel, Salz und Pfeffer abschmecken.

Die eiskalte Butter kurz vor dem Servieren in die Suppe geben und mit
15_ dem Pürierstab aufmixen. Mit Petersilie garnieren.

plus

Rote Bete erhalten Sie vorgegart und vakuumiert im Supermarkt. Selbst gekochte, frische Rote Bete schmeckt natürlich besser. Dafür schäle ich die Rote Bete unter fließendem Wasser, schneide sie anschließend klein und schwitze sie ca. 10 Minuten an.

Das Rote-Bete-Süppchen ist ein echtes kulinarisches Highlight! Ihre Gäste werden begeistert sein. Sie können die Suppe auch in kleine Tassen füllen und zum Trinken als Zwischengang servieren.

tipps

Einige mit Honig glasierte Apfelstücke eignen sich besonders gut als Suppeneinlage. Dafür Apfel schälen und in Stücke schneiden. Honig in einer Pfanne erhitzen, Apfelstücke dazugeben und leicht glasieren.

Anstelle von Sahne können Sie das Süppchen auch mit Schafmilchjoghurt verfeinern. Dafür den Joghurt vorher in einer Schüssel glatt rühren.

Kartoffel-rahmsuppe

Fertig in 15 Minuten

ZUTATEN

200 g	Kartoffeln	1 TL	getrockneter Majoran
1	kleine Zwiebel	1 Prise	Muskat
60 g	Butter	1 Prise	gemahlener Kümmel
0,1 l	trockener Weißwein	0,1 l	Sahne
0,3 l	Hühnerbrühe		Salz, weißer Pfeffer
1	Knoblauchzehe		etwas Petersilie

ZUBEREITUNG

5_ Kartoffeln und Zwiebel schälen, fein würfeln und in einem Topf mit der Hälfte der Butter anschwitzen. Die restlichen 30 g Butter im Gefrierfach kalt stellen.

10_ Die angebratenen Zutaten mit dem Weißwein ablöschen, Hühnerbrühe dazugeben und aufkochen. Knoblauch klein schneiden, mit Majoran, Muskat und Kümmel dazugeben und kochen lassen.

15_ Die Sahne in die kochende Flüssigkeit rühren und mit Salz und Pfeffer abschmecken. Kurz vor dem Servieren die eiskalte Butter in die Suppe geben, mit dem Pürierstab aufmixen und mit Petersilie dekorieren.

Varianten

Gut schmeckt die Suppe auch mit gebratenen Steinpilzen, Champignons oder Austernpilzen.
Auch Shrimps oder kleine Lachsstücke, die Sie in der Kartoffelsuppe gar ziehen lassen, sind eine gute Einlage.

plus

Noch schneller geht's, wenn Sie statt Kartoffeln etwas Kartoffelpüreepulver verwenden. Dafür bereiten Sie den Fond einfach ohne Kartoffeln zu und rühren dann langsam das Püreepulver unter. Aber bitte nicht zu viel, sonst wird die Suppe zu dick.

Besonders edel wird die Kartoffelrahmsuppe, wenn Sie einige Tropfen Trüffelöl dazugeben.

Minestrone

Fertig in 15 Minuten

ZUTATEN

1	Karotte	0,2 l	Gemüsebrühe
1	Kartoffel	1 Prise	Muskat
1	Zwiebel		Salz, weißer Pfeffer
150 g	Sellerie	2 EL	italienische Kräuter
1	Zucchini	1	Knoblauchzehe
6 EL	Olivenöl	1	Peperoni
5 EL	Weißwein	4 EL	geriebener Parmesan

ZUBEREITUNG

5_ Karotte, Kartoffel, Zwiebel und Sellerie schälen und mit der Zucchini klein würfeln. Zusammen in einem Topf mit 2 EL Olivenöl anschwitzen.

10_ Das Gemüse mit dem Weißwein ablöschen, mit der Gemüsebrühe auffüllen und aufkochen. Die Suppe mit Muskat, Salz und Pfeffer abschmecken, die gehackten Kräuter dazugeben und noch einige Minuten ziehen lassen.

15_ Knoblauch und Peperoni fein schneiden und mit dem restlichen Olivenöl mischen. Das Knoblauch-Peperoni-Öl separat zur Suppe reichen. Die Suppe anrichten und mit Parmesan bestreut servieren.

Varianten

Servieren Sie diesen italienischen Gemüseeintopf mal wie in Mailand mit Bohnen, Räucherspeck, Pasta oder Reis. Oder geben Sie für eine genuesische Minestrone etwas Pesto (Seite 47) dazu.

plus

Parmesanreste können Sie prima in der Minestrone mitkochen.
Mit TK-Gemüse gelingt das Gericht noch schneller.

tipps

Die Suppe schmeckt übrigens auch lauwarm oder kalt ausgezeichnet. Und die Italiener finden, dass die Minestrone aufgewärmt am besten schmeckt.

Fertig in
45 Minuten

Menüvorschlag

1 *Kürbissuppe mit Ingwer*

2 *Gemüse aus dem Wok*
→ Seite 55

3 *Flambierte Früchte*
→ Seite 112

Kürbissuppe mit Ingwer

Fertig in **20** *Minuten*

ZUTATEN

300 g	Kürbis	1 Prise	gemahlener Kümmel
1	Zwiebel		Salz, weißer Pfeffer
50 g	Butter	4 Scheiben	frischer Ingwer
0,1 l	trockener Weißwein	2 TL	Sojasauce
0,2 l	Hühnerbrühe	1	rote Chilischote
0,1 l	Sahne	1 Bund	Koriander
1 Prise	Muskat		

ZUBEREITUNG

5_ Kürbis und Zwiebel schälen, klein schneiden und in einem Topf mit der Hälfte der Butter anschwitzen. Die andere Hälfte im Gefrierfach kalt stellen.

10_ Das Gemüse mit dem Weißwein ablöschen, mit der Hühnerbrühe auffüllen und aufkochen. Die Sahne in die kochende Flüssigkeit geben und mit Muskat, Kümmel, Salz und Pfeffer abschmecken.

15_ Die Ingwerscheiben, die Sojasauce und die klein geschnittene Chilischote mit den anderen Gewürzen zur Suppe geben und einige Minuten ziehen lassen.

20_ Kurz vor dem Servieren die eiskalte Butter dazugeben und mit dem Pürierstab aufmixen. Koriander hacken und die Suppe damit bestreuen.

Varianten

Für eine klassische Kürbissuppe lassen Sie Ingwer, Sojasauce und Chilischote weg und bestreuen die Suppe mit Dill, Kürbiskernen und gerösteten Brotwürfeln. Sehr gut schmeckt diese Variante auch noch zusätzlich mit einigen Käsescheiben überbacken.

plus

Wenn Sie einen Kürbis mit kräftiger Farbe verwenden (z. B. einen Hokkaido), sieht die Suppe besonders schön aus.

Servieren Sie die Kürbissuppe zur Abwechslung mal in einem ausgehöhlten Kürbis.

Servieren Sie dazu einen Chardonnay, z. B. aus Kalifornien.

tipps

- Damit die Sahne nicht ausflockt, immer langsam in die kochende Flüssigkeit einrühren.
- Wenn Sie die Suppe noch cremiger mögen, geben Sie noch etwas Crème fraîche dazu.
- Frischen Koriander können Sie problemlos in einem Gefrierbeutel oder Behälter einfrieren und bei Bedarf portionsweise schneiden.
- Reichen Sie zur exotischen Kürbissuppe einige Kapstachelbeeren (Physalis).

Fertig in
40 Minuten

Menüvorschlag

1 Feine Fischsuppe

2 Penne mit Thunfisch → Seite 43

3 Schokoladen-Cappuccino → Seite 108

Feine Fischsuppe

Fertig in 20 Minuten

ZUTATEN

1 große	Zwiebel		Salz, weißer Pfeffer
1	Knoblauchzehe	25 g	eiskalte Butter
1 EL	Olivenöl	1 TL	roter Pfeffer
5 EL	Weißwein		
0,2 l	Gemüsebrühe	*Fischeinlage:*	
0,1 l	Sahne	1	Schollenfilet
1 Prise	Safran oder	2	Zahnstocher
1 TL	Currypulver	2 EL	Sonnenblumenöl
1 Prise	Cayennepfeffer	2	Garnelen
1 Prise	Muskat	1	Zanderfilet

ZUBEREITUNG

Zwiebel und Knoblauch schälen, würfeln und im Olivenöl anschwitzen. Mit dem Weißwein ablöschen und mit der Gemüsebrühe auffüllen. Die Suppe aufkochen lassen, nach und nach die Sahne dazugeben. Wahlweise mit Safran oder Curry sowie Cayennepfeffer, Muskat, Salz und Pfeffer
5_ abschmecken.

Das Schollenfilet der Länge nach halbieren, die Filets aufrollen und mit den Zahnstochern fixieren. Schollenröllchen in kochendes Salzwasser legen, Topf sofort von der Kochstelle ziehen und die Schollenröllchen
10_ einige Minuten ziehen lassen.

Das Zanderfilet in zwei Stücke teilen und in der Pfanne mit den Garnelen zusammen braten. Den Zander auf der Hautseite anbraten, dann wird er
15_ richtig knusprig.

Die eiskalte Butter in die vorbereitete Suppe geben und mit dem Pürierstab aufmixen. Fischstücke darauf anrichten und mit rotem Pfeffer bestreut
20_ servieren.

plus

Curry ist eine Gewürzmischung, die aus bis zu 40 Gewürzen, darunter Kurkuma, Koriander, Ingwer, Gewürznelken, Pigment, Macis, Kümmel, Fenchel und Sternanis besteht. Indische Köchinnen und Köche bereiten das Currygewürz individuell für das jeweilige Gericht zu.

Wenn Sie Gäste bekommen, können Sie den Zander sehr gut vorbereiten. Dazu braten Sie ihn nur auf der Hautseite 3-4 Minuten an und legen ihn mit der Hautseite nach oben auf das Backblech. Der Fisch ist jetzt innen noch roh. Sobald die Gäste da sind, wird er noch mal kurz unter dem Grill knusprig erwärmt und Sie erhalten einen perfekt gegarten Fisch.

tipps

Reichen Sie zur Fischsuppe frisches Knoblauch- oder Toastbrot und dazu Kräuter- oder Knoblauch-Crème-fraîche.

Verfeinern Sie die Fischsuppe mit 1 TL Honig. Das gibt der Suppe ein rundes und harmonisches Aroma.

Hühnersuppe asiatisch

Fertig in 20 Minuten

ZUTATEN

4	getrocknete Mu-Err-Pilze (chin. Morcheln)	6	Hühnerflügel
2	kleine Zwiebeln	2 Stangen	Zitronengras
6	grüne Bohnen, frisch oder gefroren	1	rote Chilischote
2 Scheiben	Ingwer	0,1 l	trockener Weißwein
1	kleines Stück Lauch	0,2 l	Hühnerbrühe
1	Karotte	1–2 EL	Kokosmilch
		4 EL	Sojasauce
		1 Bund	Koriander

ZUBEREITUNG

Mu-Err-Pilze einweichen. Zwiebeln halbieren und kurz anbraten.
Restliches Gemüse putzen und in mundgerechte Stücke schneiden.
5_ Chilischote fein würfeln.

Die Hühnerflügel mit dem gesamten Gemüse sowie Zitronengras und
Chilischote in einen Topf geben. Mit Weißwein und Hühnerbrühe auf-
füllen und langsam aufkochen lassen. Die Suppe mindestens 10 Mi-
15_ nuten ziehen lassen, mit einer Schöpfkelle mehrmals abschäumen.

Anschließend mit der Kokosmilch und Sojasauce abschmecken. Das
Zitronengras entfernen. Koriander hacken und die Suppe damit
20_ bestreut servieren.

Varianten

Bereiten Sie diese Suppe auch mal mit verschiedenen Meeresfrüchten zu, z. B. mit Garnelen, kleinen Tintenfischen oder auch Fischstücken. Meeresfrüchte erst nach dem Aufkochen des Gemüses zur Suppe geben und noch einige Minuten ziehen lassen.

plus

Suppen haben im asiatischen Raum eine sehr lange Tradition und werden zu fast jeder Tageszeit gegessen.

Das exotische Aroma des Ingwers regt die Durchblutung und die Sinne an.

tipps

Statt Zitronengras können Sie auch einige Spritzer Limetten- oder Zitronensaft verwenden.

Hühnersuppe mit Gemüse

Fertig in 20 Minuten

ZUTATEN

2	kleine Zwiebeln
4	Champignons
1	kleines Stück Lauch
1	Karotte
100 g	Selleriewürfel
1	Hühnerbrust, ohne Knochen
6	Hühnerflügel
0,1 l	trockener Weißwein
0,2 l	Hühnerbrühe
	Salz, weißer Pfeffer
1 Bund	Schnittlauch
100 g	Crème fraîche
4 Scheiben	Baguette
	etwas Fenchelgrün

ZUBEREITUNG

5_ Zwiebeln halbieren und kurz anbraten. Restliches Gemüse putzen und in mundgerechte Stücke schneiden. Hühnerbrust würfeln, mit den Hühnerflügeln und dem gesamten Gemüse in einen Topf geben. Mit dem Weißwein und der Hühnerbrühe auffüllen und langsam aufkochen lassen. Die Suppe mit einer Schöpfkelle mehrmals abschäumen.

15_ Die Suppe für 8–12 Minuten ziehen lassen, anschließend mit Salz und Pfeffer abschmecken.

20_ Schnittlauch in Röllchen schneiden und vor dem Servieren aufstreuen. Crème fraîche mit Salz und Pfeffer würzen. Baguettescheiben damit bestreichen und mit dem Fenchelgrün bestreut zur Suppe reichen.

plus

Je länger Sie die Suppe ziehen lassen, desto intensiver wird der Geschmack.

tipps

Anstelle des Schnittlauchs können Sie auch frisch gehackten Kerbel verwenden.

Fertig in
50 Minuten

Menüvorschlag

1 Gurkensuppe mit Lachstatar

2 Hähnchenflügel → Seite 95

3 Gratinierte Eisbirne → Seite 111

Geeiste Gurkensuppe mit Lachstatar

Fertig in 25 Minuten

ZUTATEN

2	Salatgurken, gut gekühlt	3 EL	Pflanzenöl
1	Knoblauchzehe	80 g	Lachsfilet
100 g	Sahne	1 TL	Dill
1 EL	Himbeeressig	1 TL	Petersilie
	Salz, weißer Pfeffer	1/2	Zitrone
1 Msp.	Cayennepfeffer	1 EL	Sonnenblumenöl
1	Päckchen Strudelteig		

ZUBEREITUNG

Den Backofen auf 220 °C (Heißluft) vorheizen. Die Gurken und den Knoblauch schälen und klein schneiden. Gurken in einem hohen Gefäß mit dem Pürierstab aufmixen. Sahne, Knoblauchwürfel und Himbeeressig dazugeben und mit Salz, Pfeffer und Cayennepfeffer abschmecken.
5_

Die Gurkensuppe für ca. 15 Minuten in das Gefrierfach geben. Währenddessen aus 2 Lagen Strudelteig Rauten schneiden. Das Backblech mit dem Öl einfetten und die Rauten darauflegen. Die Strudelteigblätter für 8–10 Minuten im Backofen knusprig braun backen. Anschließend auf Küchenpapier legen.
10_

Inzwischen die Zitrone auspressen, den Lachs würfeln und mit den Kräutern, dem Saft der Zitrone, Salz und Pfeffer vermischen. Zum Schluss das Sonnenblumenöl dazugeben.
20_

Lachstatar in Schüsselchen anrichten, dabei abwechselnd Lachstatar und ein Strudelblatt vorsichtig aufschichten. Die sehr kalte Suppe in tiefen Tellern anrichten und mit dem Lachstatar servieren.
25_

plus

Schmeckt herrlich erfrischend in einer lauen Sommernacht.

Ein federleichtes Gericht, das sich sogar für Ihren Diätplan eignet.

Servieren Sie dazu einen spritzigen Weißwein oder Prosecco.

Geeiste Gurkensuppe ist der ideale Einstieg in ein sommerliches Menü für liebe Gäste.

tipps

Geben Sie die klein geschnittenen Gurken für einige Minuten in das Gefrierfach. Dann ist die Suppe schon nach dem Aufmixen mit dem Pürierstab servierbereit.

Die Gurkensuppe können Sie auch mit dem Garnelen-Gemüse-Spießchen von Seite 22 servieren.

Pasta-Minuten

Viva la pasta! In vielfältigsten Formen steht der italienische Klassiker ganz oben auf der kulinarischen Beliebtheitsskala. Und für die Minutenküche sind Nudeln einfach ideal, weil sie blitzschnell mit Fisch-, Fleisch- oder Gemüsesaucen die köstlichsten Verbindungen eingehen.

Spaghetti mit Tomaten

Fertig in 20 Minuten

ZUTATEN

4 EL	Olivenöl	0,1 l	Hühnerbrühe
250 g	Spaghetti		Salz, weißer Pfeffer
250 g	Cocktailtomaten	1 Bund	Salbei
1	kleine Zwiebel	3 EL	Sonnenblumenöl
1	Knoblauchzehe	5 EL	geriebener Parmesan

ZUBEREITUNG

5_ In einem großen Topf reichlich Salzwasser zum Kochen bringen. 2 EL Olivenöl dazugeben und die Spaghetti darin bissfest kochen.

10_ Währenddessen Cocktailtomaten halbieren und die grünen Stielansätze entfernen. Zwiebel und Knoblauch fein würfeln, in einer Pfanne mit dem restlichen Olivenöl anschwitzen. Tomaten dazugeben und mit der Hühnerbrühe auffüllen. Die Sauce leicht köcheln lassen, mit Salz und Pfeffer abschmecken.

15_ Die Salbeiblätter in einer Pfanne mit Sonnenblumenöl knusprig braten bzw. frittieren. Anschließend auf einem Teller mit Küchenkrepp abtropfen lassen und mit Salz bestreuen.

20_ Spaghetti abgießen und auf Tellern anrichten, Tomatensauce darübergeben, mit Parmesan bestreuen und mit den Salbeiblättern garnieren.

Variante

Wenn Sie die Tomaten durch rote Paprikaschoten ersetzen, erhalten Sie eine wunderbare Peperonisauce. Dafür einfach das gar gekochte Gemüse kurz mit dem Pürierstab aufmixen.

plus

Gekochte Nudeln können Sie 2–3 Tage im Kühlschrank aufbewahren. Einfach etwas Olivenöl untermischen und abdecken, dann trocknen sie nicht aus.

Tomaten heißen auch „Liebesäpfel", weil man früher überzeugt war, dass die knallroten Früchte die Liebeskraft stärken. Eines ist jedenfalls sicher: sonnengereift sind sie randvoll mit Vitaminen.

tipps

Keine frischen Tomaten im Haus? Dann verwenden Sie einfach Dosentomaten.

Knoblauch-Pasta

Fertig in 15 Minuten

ZUTATEN

250 g	Spaghetti
8 EL	Olivenöl
8	Knoblauchzehen
0,1 l	Hühnerbrühe
	Salz, weißer Pfeffer
5 EL	geriebener Parmesan
1 Bund	Petersilie

ZUBEREITUNG

5_ Die Nudeln in reichlich Salzwasser mit 2 EL Olivenöl bissfest kochen.

Knoblauch schälen und fein schneiden, in einer Pfanne mit dem restlichen Olivenöl anschwitzen und mit Hühnerbrühe auffüllen. Knoblauchfond
10_ leicht köcheln lassen, mit Salz und Pfeffer abschmecken.

Spaghetti abgießen und gut abtropfen lassen. In die Pfanne zum Knoblauchfond geben und durchschwenken. Spaghetti mit einer Gabel aufdrehen und auf Tellern anrichten. Mit Parmesan und gehackter Petersilie
15_ bestreut servieren.

Variante

Wenn Sie beim Anschwitzen der Knoblauchwürfel einige in Kräuter eingelegte Sardellenfilets dazugeben, erhalten Sie pikante Spaghetti. Die Sardellenfilets einfach so lange mitschwitzen, bis sie sich auflösen.

plus

Pasta mit Knoblauch wird in Italien immer vor dem Servieren mit der Sauce gemischt. Dadurch kommt maximaler Geschmack auf den Teller.

Knoblauch stärkt angeblich das Herz. Dennoch sollten Sie den Genuss von Knoblauch-Pasta vorher mit Ihrem Partner oder Ihrer Partnerin abstimmen.

Knoblauch-Pasta ist ein superschnelles und sehr sättigendes Gericht für Überraschungsgäste.

tipps

Dazu schmecken auch gebratene Garnelen sehr lecker.

Fertig in
45 Minuten

Menüvorschlag

1 Bunter Blattsalat
→ Seite 15

2 Penne mit Thunfisch

3 Zabaione
→ Seite 113

Penne mit Thunfisch

Fertig in 20 Minuten

ZUTATEN

250 g	Penne	5	getrocknete Tomaten, in Öl eingelegt
8 EL	Olivenöl	2 Dosen	Thunfisch in Öl
1	kleine Zwiebel	150 g	Schafskäse
2	Knoblauchzehen		Salz, weißer Pfeffer
4	Champignons	1 Beet	Kresse
0,1 l	Hühnerbrühe		

ZUBEREITUNG

5_ Penne mit 2 EL Olivenöl in reichlich Salzwasser geben und bissfest kochen. Danach abgießen und gut abtropfen lassen.

10_ Inzwischen Zwiebel und Knoblauch würfeln und in einer Pfanne mit dem Olivenöl anschwitzen. Champignons in Scheiben schneiden und kurz mitschmoren lassen. Mit der Hühnerbrühe ablöschen.

15_ Die Tomaten klein schneiden und den Thunfisch abtropfen lassen. Zum Gemüse in die Pfanne geben und die Hitze reduzieren. Schafskäse würfeln, zum Schluss in die Thunfischsauce einrühren, mit Salz und Pfeffer abschmecken.

20_ Kresse mit einer Küchenschere schneiden und waschen. Penne in einer vorgewärmten Schüssel anrichten, Sauce darübergeben und mit der Kresse bestreut servieren.

plus

Penne sind für dieses Gericht besonders geeignet. Die kurzen Röhrchennudeln nehmen die Thunfischsauce optimal auf. Die Sauce lässt sich gut vorbereiten und bei Bedarf aufwärmen.

Thunfisch ist ein sehr guter Energiespender, also ideal für einen Abend zu zweit. Die Kresse schmeckt angenehm scharf, erfrischt und gibt den notwendigen Pfiff.

Dazu passt ein spritziger Weißwein, z. B. Soave.

tipps

Diese schnellen Penne sind auch kalt als Salat ideal für eine Party. Statt Schafskäse können Sie auch Baby-Mozzarella verwenden und anstelle von Kresse frisches Basilikum.

Tagliatelle mit Ragout

Fertig in 25 Minuten

plus

Das Ragout können Sie sehr gut auf Vorrat zubereiten und portionsweise einfrieren. Meine Freunde lieben es, wenn ich das klassische Ragout mit verschiedenen italienischen – egal ob frischen oder gefrorenen – Kräutern verfeinere.

Basilikum duftet herrlich anregend und gibt jedem Gericht eine besondere pfeffrig-süße Frische. Außerdem wird dem „Königskraut" eine nervenberuhigende Wirkung nachgesagt.

tipps

Das Ragout schmeckt nicht nur zur Pasta, sondern eignet sich auch kalt zum Belegen von Partybrötchen.

ZUTATEN

250 g	breite Tagliatelle	0,1 l	trockener Rotwein
8 EL	Olivenöl	0,3 l	Hühnerbrühe
250 g	gemischtes Hackfleisch		Salz, weißer Pfeffer
1	kleine Zwiebel	6 EL	geriebener Parmesan
2	Knoblauchzehen	1 Bund	Basilikum
2 EL	Tomatenmark		

ZUBEREITUNG

5_ In einem großen Topf Salzwasser zum Kochen bringen. Die Tagliatelle mit 2 EL Olivenöl darin bissfest kochen.

15_ Inzwischen das Hackfleisch in einer Pfanne mit dem restlichen Olivenöl anbraten, Zwiebel und Knoblauch fein schneiden, dazugeben und weiterbraten.

20_ Tomatenmark kurz mitschwitzen. Mit dem Rotwein ablöschen und aufkochen, Hühnerbrühe hinzufügen. Das Ragout mit Salz und Pfeffer abschmecken.

25_ Tagliatelle auf Tellern anrichten. Das Ragout darübergeben und mit Parmesan bestreuen. Vor dem Servieren mit dem Basilikum garnieren.

Variante

Einen besonderen Pfiff erhält das Gericht durch Tabasco und Chili. Servieren Sie vorsichtshalber etwas Crème fraîche in einem extra Schälchen dazu.

Gorgonzola-Linguine

Fertig in 20 Minuten

ZUTATEN

250 g	Linguine	0,1 l	Hühnerbrühe
2 EL	Olivenöl	0,2 l	Sahne
1	kleine Zwiebel	100 g	Gorgonzola
1	Knoblauchzehe		Salz, weißer Pfeffer
25 g	Butter	2 EL	Walnüsse
0,1 l	trockener Weißwein		

ZUBEREITUNG

5_ Die Linguine in einem großen Topf mit reichlich Salzwasser und 2 EL Olivenöl bissfest kochen.

10_ Währenddessen Zwiebel und Knoblauch würfeln, in einer Pfanne mit der Butter glasig schwitzen, mit dem Weißwein ablöschen. Hühnerbrühe zugeben und aufkochen. Sahne langsam in die kochende Flüssigkeit geben.

15_ Den Gorgonzola klein schneiden. 2/3 unter die Sauce rühren. Bei schwacher Hitze kurz kochen lassen und mit Salz und Pfeffer abschmecken.

20_ Die abgetropften Nudeln sofort zur Gorgonzolasauce in die Pfanne geben und gut vermischen. Auf Tellern anrichten, dabei die Linguine mit einer Gabel aufdrehen und in die Mitte der Teller legen. Ein paar Walnüsse zum Bestreuen hacken. Jede Portion mit gehackten und ganzen Walnüssen dekorieren, den restlichen Gorgonzola über die Pasta geben und servieren.

plus

Gorgonzola ist ein ausgesprochen kräftiger Käse. Wer diesen Geschmack gerne mag, kann die Sauce aus sehr reifem Gorgonzola zubereiten. Für alle anderen Genießer gilt: je jünger der Gorgonzola, desto dezenter. Sie können auch anstelle von Gorgonzola die cremigere Gorgonzolatorte verwenden, die mit Mascarpone verfeinert ist.

Servieren Sie dazu einen leichten Rotwein.

tipps

- Diese köstliche Gorgonzolasauce kommt auch als lauwarmer Dip zu verschiedenen Gemüsesticks aus Karotten, Staudensellerie und Kohlrabi sehr gut an.
- Für einen kräftigen Geschmack geben Sie beim Anbraten der Zwiebelwürfel noch einige klein geschnittene Selleriestücke dazu.
- Probieren Sie anstelle der Walnüsse geröstete und gesalzene Kürbiskerne.

Lachsnudeln mit Fenchel

Fertig in 20 Minuten

ZUTATEN

2 EL	Olivenöl
250 g	Mafaldine oder andere Bandnudeln
1	kleine Zwiebel
1	Knoblauchzehe
180 g	Lachsfilet, ohne Haut
25 g	Butter
0,1 l	trockener Weißwein
0,1 l	Hühnerbrühe
0,1 l	Sahne
	Salz, weißer Pfeffer, Muskat
	etwas Fenchelgrün oder Petersilie

ZUBEREITUNG

5_ In einem großen Topf Salzwasser zum Kochen bringen. Das Olivenöl dazugeben und die Mafaldine darin bissfest kochen.

10_ Währenddessen Zwiebel, Knoblauch und Lachs klein schneiden. Lachsstücke und Zwiebelwürfel in einer Pfanne mit der Butter leicht anbraten, mit dem Weißwein ablöschen. Die Hühnerbrühe hinzugeben und aufkochen.

15_ Die Sahne langsam in die kochende Flüssigkeit einrühren und erneut aufkochen. Anschließend den Knoblauch dazugeben und kurz mit kochen, die Sauce mit Salz, Pfeffer und Muskat abschmecken.

20_ Mafaldine abgießen, zur Lachssauce in die Pfanne geben und gut vermischen. Die Pasta auf den Tellern anrichten und jeden Teller mit etwas Fenchelgrün oder Petersilie dekorieren und servieren.

Variante

Eine reizvolle Alternative zum frischen Lachs ist der geräucherte. Sein feiner Rauchgeschmack verleiht dem Gericht eine besondere Note.

plus

Für Fischliebhaber braten Sie den Lachs nicht am Anfang mit den Zwiebeln zusammen, sondern geben ihn erst unmittelbar vor dem Servieren in die heiße Sauce. Kurz ziehen lassen, fertig. Je nach Größe der Lachsstücke sind diese dann innen leicht glasig. So mögen es die meisten Gourmets.

tipps

- Ich verwende für dieses Gericht am liebsten Mafaldine, weil sie so schön die Sauce aufnehmen.
- Besonders fein schmecken die Lachsnudeln mit einer Extraportion Zitronenbutter.

Linguine al Pesto

Fertig in 20 Minuten

ZUTATEN

250 g	Linguine
2 EL	Olivenöl
150 g	grüne Bohnen
150 g	Kartoffeln
1 Bund	Basilikum
1	Knoblauchzehe
4 TL	geriebener Parmesan
2 TL	Pinienkerne
0,2 l	Olivenöl
30 g	Butter
	Salz, weißer Pfeffer

ZUBEREITUNG

5_ Linguine mit 2 EL Olivenöl in reichlich Salzwasser geben und bissfest kochen.

10_ Inzwischen Bohnen und Kartoffeln putzen bzw. schälen und klein schneiden. In einem Topf mit wenig Wasser gar kochen.

15_ Basilikumblätter, Knoblauch, 2 TL Parmesan, Pinienkerne und Olivenöl in ein hohes Gefäß geben und mit dem Mixstab pürieren. Mit Salz und Pfeffer würzen. Pesto zu den Kartoffeln und Bohnen geben, mischen und sanft erwärmen.

20_ Die Linguine abgießen und auf den Tellern anrichten. Jeweils ein Stück Butter und etwas Pesto auf die Nudeln geben, mit Basilikum dekorieren und mit Parmesan bestreut servieren.

Variante

Probieren Sie mal Linguine mit rotem Pesto. Dafür getrocknete, in Öl eingelegte Tomaten, Pinienkerne, Basilikum und geriebenen Parmesan mit dem Mixstab pürieren.

plus

In Genua wird das Gericht traditionell mit Bohnen und Kartoffeln zubereitet. Es schmeckt aber auch sehr gut ohne diese beiden Zutaten. Probieren Sie Pesto zu Nudeln aller Art oder zu getoastetem Brot. Die italienische Kräuterpaste wertet Suppen auf und ist auch zum Salat eine echte kulinarische Bereicherung.

tipps

Pesto können Sie bis zu 1 Woche im Kühlschrank aufbewahren. Dafür den Knoblauch grundsätzlich schneiden statt pressen. So hält er viel länger. Verwenden Sie ein Schraubglas mit Deckel und wickeln Sie es in Alufolie, da Pesto lichtempfindlich ist. Außerdem sollte die oberste Schicht immer aus Olivenöl bestehen, damit nichts austrocknet und der Geschmack erhalten bleibt.

Fertig in 45 Minuten

Menüvorschlag

1 Gegrilltes Gemüse
→ Seite 52

2 Lasagne

3 Basilikumsorbetti
→ Seite 106

Lasagne

Fertig in 40 Minuten

ZUTATEN

1	große Zwiebel	1 TL	Oregano
2	Knoblauchzehen		Salz, weißer Pfeffer
2 EL	Olivenöl	200 g	Lasagneblätter
150 g	Tomaten	1 Bund	Basilikum
5 EL	trockener Weißwein	2 TL	geriebener Parmesan
0,2 l	Hühnerbrühe	1 EL	Olivenöl
4 EL	Tomatenmark		

ZUBEREITUNG

5_ Den Backofen auf 220 °C (Heißluft) vorheizen. Zwiebel und Knoblauch fein schneiden. Die Zwiebelwürfel mit 2 EL Olivenöl in einem Topf anschwitzen. Tomaten vierteln, dazugeben und mitschwitzen.

35_ Mit dem Weißwein ablöschen und mit der Hühnerbrühe auffüllen. Tomatenmark, Knoblauchwürfel, Oregano zum Tomatenfond geben und einige Minuten köcheln lassen. Mit Salz und Pfeffer abschmecken. Etwas Tomatensauce in eine ofenfeste Form geben, Basilikum- und anschließend Lasagneblätter darauflegen. So lange wiederholen, bis die Auflaufform gefüllt ist. Mit Tomatensauce als letzter Schicht abschließen. Mit Parmesan bestreuen und im Backofen ca. 25 Minuten garen.

40_ Die Lasagne aus dem Backofen nehmen, portionieren und auf Tellern anrichten. Mit etwas kaltem Olivenöl beträufeln und servieren.

Varianten

Besonders fein schmeckt die Lasagne mit Thunfisch oder Meeresfrüchten wie Muscheln, Shrimps. Einfach in die Tomatensauce geben. Oder probieren Sie das Gericht mal mit frischen Pilzen und verschiedenen Kräutern.

plus

Die schnelle Lasagne können Sie auch ohne Tomaten zubereiten. Einfach mehr Tomatenmark verwenden und etwas Wasser dazugeben.

Mit Mozzarella statt Parmesan wird die Lasagne saftiger. Je nach Käsesorte (Emmentaler, Pecorino usw.) können Sie den Geschmack der Kruste variieren.

Dazu passt ein leichter Rotwein, z. B. Chianti.

tipps

Setzen Sie kleine Häubchen Mascarpone auf die Tomatensauce. Das ersetzt die klassische Béchamelsauce und die Lasagne wird cremiger und zart schmelzend.

Lasagneblätter brauchen Sie nicht vorzukochen, denn durch die lange Backzeit und die Sauce werden sie problemlos gar.

Dieses Nudelgericht ist bei Kindern sehr beliebt, lässt sich gut vorbereiten und wieder erwärmen.

Vegetarische Minuten

Frisches Gemüse, Reis, Kartoffeln und Couscous sind weit mehr als nur Beilage. In diesem Kapitel übernehmen sie die kulinarische Hauptrolle und zeigen, dass sie, leicht und raffiniert kombiniert, auch ohne Fleisch und Fisch höchsten Genuss bieten.

plus

Für das gegrillte Gemüse verwenden Sie am besten eine Gusspfanne. Mit wenig Öl gebraten erhalten Sie ein ähnliches Ergebnis wie auf einem Grill. Wenn Ihnen der typische Holzkohlengeschmack fehlt, können Sie ihn durch gebratenen Speck, mit etwas Rauchsalz gewürzt, ersetzen.

Genießen Sie dazu einen kühlen Prosecco oder spanischen Cava.

tipps

Das gegrillte Gemüse können Sie für eine Vorspeisenvariation oder für ein Buffet ganz einfach ergänzen: gebratene Garnelen, luftgetrocknete Schinken, Oliven, Kapern, getrocknete und in Öl eingelegte Tomaten. Diese Antipasti machen kaum Arbeit und schmecken in der Regel allen Gästen. Dazu reichen Sie knuspriges Weißbrot und ein sehr gutes Olivenöl.

Bestreuen Sie das Gericht zur Abwechslung mit Walnüssen, Sonnenblumen- oder gerösteten Pinienkernen.

Gegrilltes Gemüse mit Schafskäse

Fertig in 15 Minuten

ZUTATEN

1	Zucchini	2	Knoblauchzehen
1	Aubergine	200 g	Schafskäse
	Salz, weißer Pfeffer	1 TL	Rosmarin
6 EL	Olivenöl	2 TL	geriebener Parmesan
10	Cocktailtomaten		

ZUBEREITUNG

5_ Die Zucchini und die Aubergine in ca. 1 cm dicke Scheiben schneiden und mit Salz und Pfeffer würzen. Eine große Pfanne erhitzen und die abgetupften Gemüsescheiben mit wenig Olivenöl hellbraun auf beiden Seiten anbraten.

10_ Das Gemüse aus der Pfanne nehmen. Cocktailtomaten halbieren und Knoblauch fein schneiden. Tomaten und Knoblauch in der Pfanne braten, mit Salz und Pfeffer abschmecken und in kleinen Schüsselchen anrichten.

15_ Schafskäse würfeln und auf das gegrillte Gemüse geben, mit dem Rosmarin bestreuen und mit dem restlichen Olivenöl beträufelt auf Tellern anrichten. Mit dem Parmesan bestreuen und mit den Tomaten servieren.

Gefüllte Salatblätter

Fertig in 20 Minuten

ZUTATEN

1	Zwiebel	1 Kopf	grüner Salat
200 g	altbackenes Vollkornbrot	1 EL	Rotweinessig
4 EL	Sonnenblumenöl	1 Msp.	Zucker
	Salz, weißer Pfeffer		etwas Petersilie
120 g	geriebener Emmentaler		

ZUBEREITUNG

Den Backofen auf 220 °C vorheizen. Zwiebel in Ringe und das Brot in kleine Dreiecke schneiden. Die Zwiebeln in einer Pfanne mit 1 EL Sonnenblumenöl anbraten, das Brot dazugeben und mitbraten, mit Salz und Pfeffer würzen. Die Brotstücke auf ein Backblech legen und mit dem Käse bestreut
5_ kurz unter den Grill geben. Die Röstzwiebeln in der Pfanne bereitstellen.

Blattsalat in ganze Blätter zerpflücken, kurz waschen und trockentupfen. Eine leichte Vinaigrette aus Rotweinessig, Zucker, Salz und Pfeffer sowie dem restlichen Sonnenblumenöl herstellen und die Salatblätter damit
15_ marinieren.

Die Salatblätter auf Tellern anrichten, mit dem gratinierten Brot füllen. Mit
20_ Röstzwiebeln und Petersilie bestreut servieren.

plus

Sie können anstatt Vollkornbrot auch Toastbrot oder Baguettescheiben verwenden. Variieren Sie auch mit dem Käse, Gouda passt beispielsweise ebenfalls gut dazu. Oder füllen Sie die Salatblätter mal mit gratiniertem Mozzarella und Tomaten oder mit Gorgonzola mit Walnüssen. Sie sehen, der Kreativität sind hier keine Grenzen gesetzt.

tipps

Dieses Gericht ist eine sehr gute Resteverwertung für nicht mehr ganz frisches Brot.

Kartoffel-Zucchini-Gratin

Fertig in **35** *Minuten*

plus

Das Kartoffel-Zucchini-Gratin ist ein vollwertiges Hauptgericht, passt aber auch gut als Beilage zu kurz gebratenem Fleisch.

tipps

* Je dünner Sie die Kartoffeln und Zucchini hobeln, desto schneller ist das Gratin dann im Ofen fertig!

* Würzen Sie das Gericht mit verschiedenen Kräutern wie Majoran, frittiertem Salbei oder Petersilie.

ZUTATEN

2	Knoblauchzehen		Salz, weißer Pfeffer
3	mittelgroße Kartoffeln	150 g	geriebener Emmentaler
2	Zucchini	50 g	Butter
0,2 l	Sahne		

ZUBEREITUNG

5_ Den Backofen auf 220 °C vorheizen. Knoblauch fein schneiden, die Kartoffeln schälen. Kartoffeln und Zucchini in 3 mm dicke Scheiben hobeln und fächerförmig in eine feuerfeste Form schichten. Die Sahne darübergeben, Knoblauch auf dem Gratin verteilen, mit Salz und Pfeffer kräftig würzen.

30_ Das Gratin mit Käse bestreuen und für 20–25 Minuten in den Backofen geben. Nach ca. 10 Minuten einige Butterflöckchen auf dem Gericht verteilen.

35_ Das Gratin aus dem Backofen nehmen, portionieren und servieren.

Gemüse aus dem Wok

Fertig in 15 Minuten

ZUTATEN

15	Zuckerschoten	150 g	Tofu
1	rote Paprika	4 EL	Erdnussöl
1	grüne Paprika	50 g	Sojasprossen
1	gelbe Paprika	1 TL	Koriander, gemahlen
1	Knoblauchzehe	0,1 l	Sojasauce
150 g	Weißkraut	5 TL	Sesam
1	Karotte		

ZUBEREITUNG

Das Gemüse putzen. Die Zuckerschoten in Dreiecke und die Paprika sowie den Knoblauch in Würfel schneiden. Das Weißkraut und die Karotte in feine Streifen schneiden. Zuckerschoten, Karottenstreifen, Sojasprossen, Weißkraut und Paprika in einem Wok oder einer großen Pfanne mit wenig Erd-
5_ nussöl anbraten.

Tofu in Scheiben schneiden. Das Gemüse zur Seite schieben, den Tofu im restlichen Öl anbraten. Das Gemüse mit dem Knoblauch und dem Korian-
10_ der sowie etwas Sojasauce würzen.

Das Wokgemüse auf Tellern anrichten, Tofuscheiben dazulegen, mit dem Sesam bestreut servieren. Reichen Sie dazu extra Sojasauce und eventuell auch den süß-
15_ sauren Dip von Seite 67.

plus

Im Gegensatz zum europäischen Wok hat der asiatische keinen flachen Boden. Asiaten bereiten Speisen im Wok über dem offenen Feuer bzw. auf einem Gasherd zu, so dass der Wok genug Hitze für schnelles Braten erhält. Der europäische Wok wird auf einer normalen Elektroplatte nicht ansatzweise so heiß und kühlt daher schnell aus, wenn Sie zu viel Gargut auf einmal in den Wok geben. Falls Sie nicht mit Gas kochen oder eine Induktionsplatte besitzen, bereiten Sie Wokgerichte am besten in einer großen Pfanne zu.

tipps

Das nussige Aroma von Sesam kann man durch leichtes Anrösten in einer Pfanne ohne Fett noch verstärken.

Fertig in
60 Minuten

Menüvorschlag

1 Geeiste Gurkensuppe
→ Seite 37

2 Gemüse-Tempura-Variation

3 Schokoladenschaum
→ Seite 109

Gemüse-Tempura-Variation

Fertig in **25** *Minuten*

ZUTATEN

1	Karotte	80 g	Pinienkerne
1	Zucchini	80 g	Rosinen
1	Aubergine	1 l	Sonnenblumenöl
1	Fenchel	0,2 l	Sojasauce
5	Frühlingszwiebeln		Dip süß-sauer (Seite 67)
500 g	Tempurateigpulver aus dem Asia-Laden		

ZUBEREITUNG

5_ Das Gemüse putzen. Karotte, Zucchini, Aubergine und Fenchel in 4 mm dicke Scheiben schneiden oder hobeln. Die Frühlingszwiebeln vom Grün befreien, dazu ca. 5–7 cm oberhalb der Wurzel abschneiden.

10_ Den Tempurateig aus ca. 400 g Pulver mit kaltem Wasser anrühren, bis ein dicklicher Teig entsteht. Pinienkerne und Rosinen dazugeben.

20_ Das Öl in einem großen Topf erhitzen, Gemüse im restlichen Tempurateigpulver wenden, anschließend mit einer Gabel oder mit Stäbchen in den vorbereiteten Tempurateig tauchen und im heißen Fett frittieren. Das fertige Gemüse auf einem Backblech mit einem passenden Rost bei ca. 150 °C Heißluft warm halten, bis alles frittiert ist.

25_ Das Tempuragemüse auf Tellern anrichten und mit dem Chili-Dip und reichlich Sojasauce servieren.

plus

Die Tempuravariation immer mit frischem Öl zubereiten, dann ist das Gemüse ein richtiger Genuss und auch gut verdaulich.

Dieses Gericht ist ein ideales Fingerfood für die Party.

Hier passt ein kühles chinesisches Bier dazu und zum Abschluss ein Bambusschnaps.

tipps

- Verwenden Sie statt Rosinen und Pinienkernen auch mal Mandeln.
- Sie können das Gemüse auch mit Meeresfrüchten wie Garnelen, Dorsch und anderem Fisch ergänzen.
- Das frittierte Tempuragemüse immer bei einer Temperatur von über 140 °C im Backofen „zwischenlagern", bei niedrigeren Temperaturen bleibt die Tempurakruste nicht lange knusprig.

Rührei mit Kürbiskernöl

Fertig in 10 Minuten

ZUTATEN

4	Eier	2 Beete	Kresse
	Salz, weißer Pfeffer	30 g	Kürbiskerne, geröstet und gesalzen
25 g	Butter		
4 TL	Kürbiskernöl		

ZUBEREITUNG

Die Eier in eine Schüssel vorsichtig aufschlagen. Die Schale zum Anrichten auswaschen und bereitlegen. Eier mit einem Schneebesen verrühren und mit Salz und Pfeffer abschmecken. Die Butter in einer Pfanne sanft erhitzen, die Eimasse hineingeben. Dabei ständig rüh-
5_ ren, bis die Eier stocken.

Die Eierschalen mit dem Rührei füllen und mit einigen Tropfen Kürbiskernöl aromatisieren. Die gefüllten Eierschalen in die Kressebeete
10_ setzen, mit Kürbiskernen dekorieren und servieren.

plus

Wenn Sie dieses Gericht für mehrere Personen zubereiten, schlagen Sie das Rührei am besten in einer Schüssel über dem Wasserbad. Das Rührei wird so gleichmäßig schön flockig und gelingt sicher.

Servieren Sie ein gut gekühltes Pils dazu.

tipps

Servieren Sie dieses Gericht mit frischem Schnittlauchbrot, Baguette oder Toast. Oder reichen Sie das Kürbisrührei auch mal als Vorspeise.

Souffliertes Basilikum-Ei

Fertig in 15 Minuten

ZUTATEN

1 Bund	Basilikum
4	Eier
	Salz, weißer Pfeffer
25 g	Butter

ZUBEREITUNG

5_ Einen Topf mit 6 cm Wasser füllen und zum Kochen bringen. Basilikum waschen, einige Blätter beiseite legen, den Rest hacken. Die Eier in eine Schüssel aufschlagen, Basilikum dazugeben, verrühren und mit Salz und Pfeffer abschmecken.

10_ Zwei Soufflëförmchen mit Butter einfetten und die vorbereitete Eimasse in die Förmchen füllen. Die gefüllten Förmchen in das kochende Wasserbad stellen und ca. 5–8 Minuten zugedeckt ziehen lassen, bis die Eiersoufflés gestockt sind.

15_ Die souffliertten Basilikumeier in den Förmchen auf Teller stellen, mit Basilikumblättern anrichten und servieren.

plus

Statt im Wasserbad können Sie die Soufflés auch in einem Dampfeinsatz über leicht kochendem Wasser zubereiten oder einen Dampfgarer verwenden.

tipps

Servieren Sie zu diesem Gericht einen einfachen Tomatensalat: Cocktailtomaten halbieren, mit Zwiebelwürfeln vermischen, salzen und pfeffern, mit etwas Olivenöl marinieren.

plus

Damit das Gemüseschnitzel beim Wenden nicht bricht, verwenden Sie einen Teller. Legen sie ihn mit der Oberseite in die Pfanne auf das Schnitzel und drehen Sie die Pfanne mit dem Teller um. Gemüseschnitzel nun wieder sanft in die Pfanne gleiten lassen und zu Ende braten. Das Schnitzel darf bei diesem Vorgang nicht im Öl schwimmen. Daher das Öl vorher unbedingt abgießen, da Sie sich sonst die Finger verbrennen!

Reichlich Gemüse und Nüsse mit vielen Ballaststoffen machen fit.

tipps

- Sie können die Gemüseschnitzel gut einige Minuten im Backofen bei ca. 140 °C (Heißluft) warm halten.
- Servieren Sie dazu verschiedene Dips (Seite 66 f.).
- Zu den Gemüseschnitzeln passt auch eine Tomatensauce (Seite 40) sehr gut.

Gemüseschnitzel

Fertig in **25** *Minuten*

ZUTATEN

2	Karotten	4	Eier
3	mittelgroße Kartoffeln		Salz, weißer Pfeffer
1	Zucchini	4 EL	Sonnenblumenöl
4 EL	Sonnenblumenkerne		einige Schnittlauchhalme

ZUBEREITUNG

10_ Karotten und Kartoffeln schälen. Die Kartoffeln, eine Karotte und den Zucchini mit einer Raspel fein reiben, die Sonnenblumenkerne und die Eier dazugeben. Mit Salz und Pfeffer würzen, gut vermischen.

20_ Eine Pfanne erhitzen, aus der Gemüsemasse runde Taler formen und im Sonnenblumenöl auf beiden Seiten braten.

25_ Die restliche Karotte in feine Streifen schneiden. Gemüseschnitzel auf Tellern anrichten, einige rohe Karottenstreifen mit dem Schnittlauch zu Päckchen zusammenbinden und dazusetzen.

Vegiburger

Fertig in 30 Minuten

ZUTATEN

2	mittelgroße Kartoffeln
2	Karotten
1	Zucchini
6	Champignons
1	Zwiebel
2 EL	Mandelstifte
5	Eier
4 EL	italienische Kräuter, frisch oder gefroren
	Salz, weißer Pfeffer, Muskat
4 EL	Sonnenblumenöl
6	Spinatblätter
1	Tomate
1	kleines Stück Salatgurke
2	Champignons
1	Vollkornbaguette
2 EL	Crème fraîche

ZUBEREITUNG

Das Gemüse putzen. Die Kartoffeln, Karotte und Zucchini mit einer Raspel fein reiben. Die 6 Champignons in Scheiben und die Zwiebel in Würfeln schneiden. Alles in einer Schüssel verrühren. Die Mandelstifte und die Eier sowie die italienischen Kräuter dazugeben und mit Salz, Pfeffer und Muskat würzen.

10_

Sonnenblumenöl in einer Pfanne erhitzen, aus der Gemüsemasse ovale Platten formen und darin auf beiden Seiten braten. Warm stellen.

20_

Spinat waschen und trockentupfen. Tomate und Salatgurke in Scheiben schneiden, mit Salz und Pfeffer würzen. Die 2 Champignons halbieren.

25_

Vollkornbaguette aufschneiden, die Unterseite zuerst mit den Gemüseplatten und dann mit dem Spinat belegen, mit dem Deckel abschließen. Gefüllte Vegiburger evtl. halbiert auf Tellern anrichten. Mit Champignons, Tomaten- und Gurkenscheiben dekorieren. Zu jedem Vegiburger noch 1 EL Crème fraîche geben und servieren.

30_

plus

Kleine Vegiburger sind eine gute Bereicherung für Ihre nächste Party. Dafür verwenden Sie Minibrötchen und bereiten entsprechend kleine Gemüseplatten vor, die Sie entweder warm stellen oder bei Bedarf nochmals kurz erwärmen.

tipps

Einige längliche Karottenscheiben in der Pfanne beidseitig anbraten, auf Zahnstocher spießen und salzen. Diese Fähnchen sind eine schöne und schmackhafte Dekoration für Ihre Vegiburger.

Fertig in 40 Minuten

Menüvorschlag

1 Asiatische Garnelenpfanne → Seite 71

2 Couscous-Topf

3 Basilikumsorbetti → Seite 106

Couscous-Topf

Fertig in 15 Minuten

ZUTATEN

1	große Zwiebel	1 Msp.	gemahlener Kümmel
30 g	Fenchel	1 Msp.	Cayennepfeffer
1	Knoblauchzehe	1 TL	Honig
1	Karotte		Salz, schwarzer Pfeffer, Muskat
0,5 l	Gemüsebrühe	250 g	Couscous
40 g	Butter	1 Bund	Koriander
10	Oliven, grün und schwarz gemischt		

ZUBEREITUNG

5_ Das Gemüse putzen. Zwiebel, Fenchel und Knoblauch fein würfeln. Die Karotte in Scheiben schneiden. Gemüsebrühe aufkochen lassen.

10_ Die Zwiebelwürfel in einem Topf mit der Butter anschwitzen, Karottenscheiben, Fenchel und Oliven dazugeben und mitschwitzen. Das Gemüse mit gemahlenem Kümmel, Cayennepfeffer, Honig und Knoblauch sowie Salz und Pfeffer abschmecken.

15_ Den Couscous in die kochende Gemüsebrühe geben und einmal aufkochen lassen. Die Konsistenz des Couscous sollte nun weich mit leichtem Biss sein. Falls er noch zu hart ist, einfach einige Minuten weitergaren, anschließend abgießen. Den abgetropften Couscous zum Gemüse geben und gut vermischen. Mit Salz, Pfeffer und Muskat abschmecken. Den Couscoustopf mit reichlich frischem Koriander bestreuen und servieren.

plus

Servieren Sie zum Couscous reichlich Gemüse, z. B. Salatgurke, gedämpften Blumenkohl, grüne Bohnen und getrocknete, in Öl eingelegte Tomaten.

Genießen Sie zum Couscous einen fruchtigen Rosé.

tipps

Dazu empfehle ich den süß-sauren Dip von Seite 67 leicht abgewandelt: Mixen Sie den Dip zusammen mit den Chilischoten mit dem Pürierstab auf. Dabei entsteht eine Art Chilipüree, das – Vorsicht, sehr scharf! – ganz wunderbar zum Couscous passt.

Geben Sie auch mal 150 g gekochte Kichererbsen zum Couscous dazu. Sie enthalten überdurchschnittlich viel Kalium, Magnesium, Kalzium und Eisen.

Rotwein-Risotto

Fertig in 30 Minuten

ZUTATEN

1	Zwiebel	1 TL	Rosmarin
30 g	Butter		Salz, weißer Pfeffer, Muskat
125 g	Risottoreis	20 g	geriebener Parmesan
1/8 l	trockener Rotwein	2	Rosmarinzweige
ca. 0,3 l	Gemüsebrühe		

ZUBEREITUNG

Zwiebel würfeln und in einem Topf in der Hälfte der Butter an-
5_ schwitzen. Den Risottoreis dazugeben und kurz mitschwitzen.

Mit Rotwein ablöschen, köcheln lassen und nach und nach die Ge-
müsebrühe dazugeben. Der Risottoreis soll dabei gerade noch mit
Flüssigkeit bedeckt sein. Dabei immer wieder umrühren, damit nichts
am Topfboden ansetzt. Nach ca. 20 Minuten ist der Reis cremig und
25_ weich, aber noch körnig.

Das Risotto mit Rosmarin, Salz, Pfeffer und Muskat abschmecken
und auf Tellern anrichten. Risotto mit Parmesan bestreuen und mit
30_ den Rosmarinzweigen servieren.

plus

Das Rotweinrisotto schmeckt als vegetarisches Hauptgericht ganz wunderbar. Wer unbedingt Fleisch dazu möchte, kann gebratene Speckscheiben dazu servieren.

Als Beilage eignet sich das Rotweinrisotto zu gebratenem Lamm und Rindfleisch.

tipps

In Italien wird zum Risotto reichlich Olivenöl und Parmesankäse gereicht.

Risotto mit Steinpilzen

Fertig in 30 Minuten

ZUTATEN

20 g	getrocknete Steinpilze	ca. 0,3 l	Gemüsebrühe
1	Zwiebel	1 Bund	Petersilie
30 g	Butter		Salz, weißer Pfeffer, Muskat
125 g	Risottoreis	20 g	geriebener Parmesan
1/8 l	trockener Weißwein		

ZUBEREITUNG

Die getrockneten Pilze einweichen. Die Zwiebel würfeln. In einem Topf die Zwiebelwürfel in der Hälfte der Butter anschwitzen, die abgetropften Steinpilze und den Risottoreis dazugeben und kurz mitschwitzen.
5_

Mit dem Weißwein ablöschen, köcheln lassen und nach und nach Gemüsebrühe dazugeben. Dabei immer wieder umrühren. Nach ca. 20 Minuten soll das Risotto eine cremige Konsistenz haben, der Reis nicht ganz weich gekocht sein.
25_

Petersilie waschen und hacken. Das Risotto mit Petersilie, Salz, Pfeffer und Muskat abschmecken und auf Tellern anrichten. Mit Parmesan bestreut servieren.
30_

plus

Das Steinpilzrisotto können Sie auch mit verschiedenen anderen Pilzen wie Champignons, Austernpilzen und Pfifferlingen zubereiten. Wenn Sie frische Pilze verwenden, schwitzen Sie immer einige Pilze am Anfang mit. Die restlichen Pilze können Sie in einer Pfanne anbraten und zum Schluss auf das Risotto setzen.

tipps

Probieren Sie auch mal eine asiatische Variante mit Shitake-Pilzen und reichlich frischem Koriander. Dazu servieren Sie gebratene Garnelen und etwas Sojasauce.

Sauerrahm-Dips

Fertig in 10 Minuten

ZUTATEN

Für den Basisdip:
150 g Sauerrahm
1 EL Crème fraîche
1/2 Zitrone
Salz, weißer Pfeffer

ZUBEREITUNG

5_ Die Zitrone auspressen. Sauerrahm, Crème fraiche und Zitronensaft in einer Schüssel gut verrühren. Den Basisdip mit Salz und weißem Pfeffer abschmecken.

Knoblauch-Dip

1-2 Knoblauchzehen fein schneiden und unter den Basisdip rühren.

Preiselbeer-Dip

2-3 EL Preiselbeeren aus dem Glas zum Dip hinzufügen.

Senf-Dip

Zusätzlich etwas mittelscharfen Senf oder für die besonders scharfe Variante 2 TL Dijon-Senf dazugeben.

Schnittlauch-Dip

1/2 Bund Schnittlauch in feine Röllchen schneiden und unter den Basisdip rühren.

Tataren-Dip

1 hart gekochtes Ei hacken und mit 1/2 Bund Schnittlauch, in feine Röllchen geschnitten, unter den Dip mischen.

tipps

Wenn Sie den Knoblauch schneiden, können Sie den fix und fertigen Knoblauch-Dip bis zu drei Tage im Kühlschrank aufbewahren. Wenn Sie den Knoblauch dagegen pressen, müssen Sie den Dip schnell verbrauchen.

Schnittlauch lässt sich prima mit einer Küchenschere klein schneiden.

Barbecue-Dip

Fertig in 10 Minuten

ZUTATEN

1	Zwiebel	2 Msp.	Majoran
1	Knoblauchzehe	100 g	Tomatenmark
10	grüne Oliven, ohne Kerne	1 TL	Honig
2 Msp.	Rosmarin	50 ml	Gemüsebrühe
2 Msp.	Thymian		Salz, schwarzer Pfeffer

ZUBEREITUNG

5_ Zwiebel und Knoblauch schälen und fein würfeln. Die Oliven hacken.

10_ Die gehackten Oliven mit den Zwiebel- und Knoblauchwürfeln sowie mit den Kräutern, Tomatenmark, Honig und der Gemüsebrühe gut verrühren. Mit Salz und Pfeffer abschmecken.

Dip süß-sauer

Fertig in 10 Minuten

ZUTATEN

30 g	brauner Rohrzucker	0,2 l	Wasser
1	rote Chilischote	2 TL	Reisessig oder Weißweinessig
1	Knoblauchzehe		Salz

ZUBEREITUNG

5_ Zucker in einem Topf schmelzen und leicht karamellisieren. Knoblauchzehe und Chilischote klein schneiden und mit den Kernen der Schote dazugeben.

10_ Mit Wasser auffüllen und einige Minuten ziehen lassen. Den Dip leicht einköcheln, mit Reisessig und Salz abschmecken.

Fisch-Minuten

Fisch in der schnellen Küche – das muss nicht nur das Fischstäbchen aus dem Gefrierfach sein. Ob gebraten, gegrillt, überbacken oder in Folie gegart – aus frischen oder tiefgekühlten Fischen und Meeresfrüchten lassen sich in kürzester Zeit leichte und köstliche Gerichte zubereiten.

Garnelen im Tomatenfond

*Fertig in **15** Minuten*

plus

Die Garnelen werden hier absichtlich nicht mit dem Knoblauch zusammen angebraten, sondern kommen zum Abrunden in den Tomatenfond. Gebraten würde der Knoblauch das feine, leichte Tomaten- und Basilikumaroma überdecken.

tipps

Sehr gut schmecken auch einige frittierte und gesalzene Basilikumblätter dazu. Sie können sogar zum Dippen in der Sauce verwendet werden.

ZUTATEN

2 EL	Olivenöl	0,1 l	Hühnerbrühe
6	rohe Riesengarnelen	1/2 TL	Honig
1	Zwiebel		Salz, schwarzer Pfeffer, Muskat
1	Knoblauchzehe	4 Scheiben	Toastbrot oder Baguette
2 EL	Pinienkerne	1 Bund	Basilikum
200 g	Cocktailtomaten		
5 EL	trockener Weißwein		

ZUBEREITUNG

5_ Das Öl in einer Pfanne stark erhitzen. Die Garnelen darin von beiden Seiten anbraten, mit Salz und Pfeffer würzen, herausnehmen und warm stellen.

10_ Zwiebel und Knoblauch fein würfeln. Zwiebelwürfel und Pinienkerne in die Pfanne geben und leicht anbraten. Cocktailtomaten halbieren und hinzufügen. Mit dem Weißwein ablöschen und mit der Hühnerbrühe auffüllen. Den gewürfelten Knoblauch unterrühren, nochmals aufkochen lassen und mit Honig, Salz, Pfeffer und Muskat abschmecken.

15_ Das Brot rösten. Den Tomatenfond in tiefen Tellern anrichten, die Garnelen darauflegen und mit frisch gezupftem Basilikum bestreut servieren.

Asiatische Garnelenpfanne

Fertig in 15 Minuten

ZUTATEN

12	Garnelen
2 EL	Erdnussöl
1	Knoblauchzehe
1/2 TL	Honig
1	Limette
1	Chilischote
1 Bund	Koriander
4 TL	Sojasauce
etwas	Asia-Salat-Mischung
6	Kapstachelbeeren

ZUBEREITUNG

5_ Die Garnelen unterhalb des Schwänzchens der Länge nach halbieren, so dass die Garnelen noch zusammenhalten, aber zwei „Flügel" entstehen. In einer Pfanne das Erdnussöl stark erhitzen und die Garnelen darin anbraten, bis sich die Flügel aufdrehen.

10_ Knoblauch fein würfeln, mit dem Honig zu den Garnelen geben und kurz glasieren. Die Limette auspressen, die Chilischote klein schneiden und den Koriander hacken.

15_ Die Pfanne mit den Garnelen von der Kochstelle ziehen. Mit dem Saft der Limette, der Sojasauce und dem Koriander würzen. Die Garnelen auf einigen Blättern Asiasalat anrichten, mit Chilischotenstückchen und Kapstachelbeeren garnieren.

plus

Das Anschneiden der Garnelen empfehle ich Ihnen nicht nur wegen der Optik. So vorbereitet nehmen die Meeresfrüchte den Geschmack der beigefügten Zutaten viel intensiver auf.

tipps

Ich verwende dafür gerne extragroße Garnelen. Schauen Sie doch einmal in einen Asia-Laden, dort werden große Garnelen tiefgekühlt oftmals sehr günstig angeboten.

Fertig in
60 Minuten

Menüvorschlag

1 Löffelhappen → Seite 18

2 Zander auf Linsengemüse

3 Schokoladen Cappuccino → Seite 108

Zander auf Linsengemüse

Fertig in 30 Minuten

ZUTATEN

2	Kartoffeln	2 EL	Balsamicoessig
2 große	Zwiebeln		Salz, weißer Pfeffer
5	Knoblauchzehen	25 g	Butter
3 EL	Sonnenblumenöl	6 EL	trockener Weißwein
2 EL	Speckwürfel	0,2 l	Sahne
150 g	Linsen aus der Dose	1 Bund	Petersilie
2 EL	Tomatenmark	2	Zanderfilets
0,1 l	Rotwein	20 g	eiskalte Butter
0,3 l	Hühnerbrühe		

ZUBEREITUNG

5_ Kartoffeln schälen, würfeln oder mit dem Kugelausstecher ca. 10 Kugeln ausstechen. In etwas Salzwasser gar kochen. Zwiebel und Knoblauch fein schneiden. 1 EL Sonnenblumenöl in einem Topf erhitzen, die Hälfte der Zwiebelwürfel sowie den Speck darin glasig anschwitzen.

10_ Die abgetropften Linsen dazugeben, die Hitze erhöhen und sofort das Tomatenmark dazugeben. Tomatenmark leicht Farbe nehmen lassen, mit dem Rotwein ablöschen und mit 0,1 l Hühnerbrühe auffüllen und einköcheln lassen. Den Balsamico dazugeben, aufkochen und mit Salz und Pfeffer abschmecken.

15_ Für den Knoblauchschaum die restlichen Zwiebelwürfel in einem Topf mit der Butter anschwitzen, mit dem Weißwein ablöschen, restliche Hühnerbrühe dazugeben, aufkochen, die Sahne langsam unterrühren. Zum Schluss die Knoblauchwürfel hinzufügen.

20_ Kartoffelkugeln zum Erwärmen in die Sauce geben und die Sauce bei kleiner Hitze leicht einkochen lassen.

25_ Petersilie fein hacken oder abzupfen. Die Zanderfilets mit Salz und Pfeffer würzen. Mit der Hautseite nach unten in einer Pfanne mit dem restlichen Sonnenblumenöl so lange braten, bis das Fischfleisch fast gar ist. Zander kurz wenden und mit der Petersilie bestreuen.

30_ Das Linsengemüse auf Tellern anrichten und die Kartoffelkugeln oder -würfel dazusetzen. Die eiskalte Butter zum Knoblauchschaum geben und mit dem Pürierstab schaumig aufmixen. Die Kartoffelkugeln damit überziehen. Die Zanderfilets mit Salz und Pfeffer abschmecken und gleich servieren.

plus

Fisch- und Fleischgerichte richte ich stets auf vorgewärmten Tellern an. Dazu stelle ich die Teller für 2 Minuten in die Mikrowelle oder einige Minuten in den Backofen bei ca. 70 °C.

Dazu passt ein fruchtiger Weißwein, z. B. ein elsässischer Gewürztraminer.

Zanderfilets habe ich immer tiefgefroren zu Hause, so kann ich dieses schnelle Gericht jederzeit für Überraschungsgäste zaubern.

plus

Servieren Sie einen spritzigen Weißwein dazu, z. B. einen Soave.

tipps

Wenn der Safranschaum zu dünn ist, geben Sie einfach etwas Safranrisotto dazu. Mit dem Pürierstab kurz aufmixen und Sie haben eine perfekte und natürliche Bindung.

Schollenröllchen auf Safranrisotto

Fertig in **35** *Minuten*

ZUTATEN

1	Zwiebel	0,1 l	Sahne
40 g	Butter	2 g	Safran
100 g	Risottoreis		Salz, weißer Pfeffer, Muskat
0,1 l	trockener Weißwein	1 Bund	Petersilie
ca. 0,3 l	Hühnerbrühe	1 TL	rote Pfefferkörner
3	Schollenfilets, frisch oder gefroren		

ZUBEREITUNG

Die Zwiebel fein schneiden. In einem Topf in der Hälfte der Butter anschwitzen, die restliche Butter im Gefrier-
5_ fach kalt stellen. Den Risottoreis dazugeben und kurz mitschwitzen.

Mit dem Weißwein ablöschen, köcheln lassen und nach und nach die Hühnerbrühe dazugeben. Der Risottoreis soll immer gerade noch mit Flüssigkeit bedeckt sein. Dabei laufend umrühren, damit nichts am Topfboden ansetzt. Nach ca. 20 Minuten ist der Reis cremig und weich. Er muss noch körnig und keinesfalls zu Mus verkocht sein. Während der Reis kocht, die Schollenfilets der Länge nach halbieren, aufrollen und mit Zahnstocher fixieren. Salzwasser in einem Topf zum Kochen bringen, Schollenröllchen hineinlegen und sofort von der
25_ Kochstelle nehmen. Bei geschlossenem Deckel ca. 3 Minuten ziehen lassen.

Das Risotto aufkochen, die Sahne und den Safran dazugeben, mit Salz, Pfeffer und Muskat abschmecken. Die überschüssige Sahnesauce in eine Schüssel absieben, die restliche eiskalte Butter hinzufügen und mit dem
30_ Pürierstab aufmixen.

Petersilie hacken oder abzupfen. Das Risotto auf Tellern anrichten, Schollenröllchen daraufsetzen und mit der
35_ aufgeschäumten Safransauce übergießen. Mit den roten Pfefferkörnern und der Petersilie bestreut servieren.

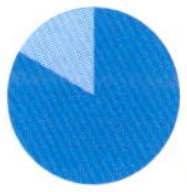

Fertig in
50 Minuten

Menüvorschlag

1 Souffliertes Basilikum-Ei → Seite 59

2 Schollenröllchen auf Safranrisotto

3 Beeren-Cappuccino → Seite 107

Lachs auf Blattspinat

Fertig in 20 Minuten

ZUTATEN

500 g	frischer Spinat oder		Salz, weißer Pfeffer,
250 g	TK-Blattspinat		Muskat
1	kleine Zwiebel	1 EL	Sonnenblumenöl
40 g	Butter	2	Lachsfilets,
5 EL	trockener Weißwein		frisch oder gefroren
0,1 l	Hühnerbrühe	1	Knoblauchzehe
0,1 l	Sahne	1 TL	rote Pfefferkörner

ZUBEREITUNG

Den frischen Spinat putzen bzw. den aufgetauten Blattspinat abtrop-
fen lassen. Die Zwiebel fein würfeln und in einem Topf mit der
Hälfte der Butter anschwitzen. Die restliche Butter im Gefrierfach
5_ kalt stellen.

Spinat zu den Zwiebeln geben, mit Weißwein und Hühnerbrühe auf-
füllen und aufkochen. Die Sahne langsam in die kochende Flüssig-
10_ keit einlaufen lassen und mit Salz, Pfeffer und Muskat abschmecken.

Eine Pfanne erhitzen, Sonnenblumenöl dazugeben und die mit Salz
und Pfeffer gewürzten Lachsfilets gleichmäßig anbraten. Knoblauch
15_ fein schneiden.

Den Spinat auf ein Sieb geben und ausdrücken, auf vorgewärmten
Tellern anrichten, die Lachsfilets dazusetzen. Knoblauchwürfel und
die eiskalte Butter in den Spinat-Sahnefond rühren und mit dem
Pürierstab aufmixen. Den Spinat damit übergießen. Das Gericht mit
20_ den roten Pfefferkörnern bestreuen und gleich servieren.

plus

Verwöhnen Sie Ihre Gäste mal und verwenden Sie anstelle von Knoblauch einige Tropfen weißes Trüffelöl.

tipps

Sie können dem Sahneschaum mit einer Messerspitze Cayennepfeffer eine zusätzliche Schärfe geben.

Lachssticks mit Wasabischaum

Fertig in **15** *Minuten*

ZUTATEN

2	Lachsfilets, frisch oder gefroren	1 EL	Sonnenblumenöl
	Salz, weißer Pfeffer	1 TL	Wasabipaste (aus dem Asia-Laden)
5 EL	Sesam	0,1 l	Sahne

ZUBEREITUNG

5_ Die Lachsfilets in Streifen schneiden, mit Salz und Pfeffer würzen und im Sesam wälzen. Sonnenblumenöl in einer Pfanne erhitzen, die Sesam-Lachssticks von allen Seiten darin anbraten.

10_ Die Sahne mit einer Gabel in einem tiefen Teller leicht schlagen, mit der Wasabipaste vermischen und mit etwas Salz abschmecken.

15_ Die Lachssticks auf Tellern anrichten und den Wasabischaum in einem extra Schüsselchen dazu servieren.

plus

In einer Pfanne mit Sandwichboden können Sie den Lachs auch ganz ohne Fett braten. Dafür die Pfanne aufheizen und einen Wassertropfen in die Pfanne geben. Wenn dieser tanzt, hat die Pfanne die richtige Temperatur erreicht. Die Lachssticks darin so lange braten, bis sich eine leichte Kruste gebildet hat. Jetzt können Sie den Lachs problemlos wenden.

Lachs und Sesam: eine ideale Kombination! Fisch und Sesamkörner liefern Energie und Power, der Wasabischaum bringt die notwendige Schärfe.

tipps

- Wenn Sie die Lachssticks nur kurz von allen Seiten anbraten, dann können Sie diese noch bis zu 20 Minuten bei 100 °C im Backofen warm stellen. Ideal, wenn sich Ihre Gäste verspäten.
- Den Wasabischaum können Sie auch mit Crème fraîche zubereiten.
- Servieren Sie die Lachssticks in einem Chicoréeblatt. Das sieht nett aus und schmeckt hervorragend.

Dorsch in der Eikruste

Fertig in **25** *Minuten*

ZUTATEN

8	Salatkartoffeln	2	Dorschfilets, frisch oder gefroren
2	kleine Zwiebeln	2 EL	Mehl
0,3 l	Sonnenblumenöl	60 g	Feldsalat
0,3 l	Hühnerbrühe	6 EL	Rotweinessig
2	Eier		
	Salz, weißer Pfeffer		

ZUBEREITUNG

Die rohen Salatkartoffeln schälen und in ca. 5 mm dicke Scheiben
schneiden. Zwiebeln würfeln, mit wenig Öl in einer breiten, hohen
Pfanne anschwitzen und mit der Hälfte der Hühnerbrühe aufkochen.
Die Kartoffelscheiben dazugeben und zugedeckt weich garen. Die
5 Kartoffeln sollten noch nicht die ganze Brühe aufgenommen haben.

Die restliche kalte Hühnerbrühe hinzufügen und die Kartoffeln ab-
kühlen lassen. Eine Pfanne erhitzen und den Boden mit Sonnenblu-
menöl bedecken. Die Eier in eine Schüssel aufschlagen und kräftig
10 mit Salz und Pfeffer würzen.

Die Dorschfilets salzen und pfeffern, im Mehl wenden und durch die
aufgeschlagenen Eier ziehen. Die Dorschfilets gleichmäßig von bei-
15 den Seiten in der Pfanne braten.

Den Feldsalat putzen, waschen und gut abtrocknen. Die überschüssi-
ge Brühe aus der Pfanne mit den Kartoffeln abgießen. Die Kartoffeln
mit Sonnenblumenöl, Rotweinessig, Salz und Pfeffer abschmecken,
20 zum Schluss den Feldsalat unterheben.

25 Dorschfilets und Kartoffelsalat auf Tellern anrichten.

plus

Beim Kartoffelsalat ist die richtige Kartoffelsorte ausschlaggebend. Am besten wählen Sie eine festkochende Sorte, z. B. Sieglinde oder Bamberger Hörnchen.

tipps

- Sehr gut schmeckt das Gericht mit einem Dip (z. B. Schnittlauch-Dip oder Tataren-Dip, Seite 66).
- Statt Dorsch können Sie auch Seelachs verwenden.

Überbackener Kräuterdorsch

*Fertig in **30** Minuten*

ZUTATEN

1	Karotte	100 g	Semmelbrösel
1	Knoblauchzehe	10 EL	Olivenöl
100 g	Sellerie	2 TL	Thymian
1	kleines Stück Lauch		Salz, weißer Pfeffer
50 g	Butter	2	Dorschfilets,
0,1 l	trockener Weißwein		frisch oder gefroren
0,1 l	Hühnerbrühe	4 Scheiben	Baguette oder Toastbrot

ZUBEREITUNG

5_ Den Backofen auf 220 °C vorheizen. Das Gemüse putzen, Karotte, Knoblauch und Sellerie würfeln, den Lauch in Streifen schneiden. Alles in eine ofenfeste Form geben, die Butter in Flöckchen daraufsetzen. Mit dem Weißwein und der Hühnerbrühe aufgießen.

10_ Die Semmelbrösel mit dem Olivenöl und dem Thymian zu einer Paste verrühren. Mit Salz und Pfeffer würzen. Die Dorschfilets von beiden Seiten salzen und pfeffern, die Filets auf das Gemüse in die Backofenform legen und gleichmäßig mit der Kräuterpaste bedecken.

25_ Die Dorschfilets ca. 15 Minuten auf der mittleren Schiene im heißen Ofen backen. Die Kräuterpaste soll schön gebräunt sein.

30_ Den Fisch auf vorgewärmten Tellern anrichten. Mit frischem Baguette oder Toastbrot servieren.

plus

Dieses Gericht bereite ich sehr gerne zu: Der Herd bleibt sauber und nach kurzer Zeit kann man sich auf ein wunderbares Fischgericht freuen.

tipps

- Dazu schmeckt auch ein Kartoffelpüree sehr gut.
- Die Kräuterpaste können Sie ganz leicht abwandeln. Geben Sie Pinienkerne oder Mandeln hinzu und verwenden Sie verschiedene Kräuter.

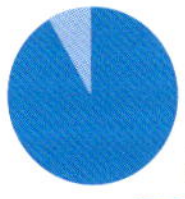

Fertig in
55 Minuten

Menüvorschlag

1 Orientalische Vorspeisen
→ Seite 21

2 Forelle im Aluhemd

3 Gratinierte Fishirne
→ Seite 111

Forelle im Aluhemd

Fertig in **35** *Minuten*

ZUTATEN

2	Forellen		Salz, weißer Pfeffer
2	Knoblauchzehen	9 EL	Olivenöl
2	gemischte Kräutersträußchen (Thymian, Rosmarin, Petersilie, Salbei) oder	0,2 l	trockener Weißwein
5 EL	TK-Kräutermischung	250 g	mehlig kochende Kartoffeln
			Muskat

ZUBEREITUNG

Den Backofen auf 180 °C vorheizen. Forellen waschen und trockentupfen. Jeden Fisch auf ein ausreichend großes Stück Alufolie legen. Knoblauch fein schneiden. Die Forellen mit dem Knoblauch, den Kräutern sowie mit Salz und Pfeffer innen und außen bestreuen. Bei Verwendung eines frischen Kräutersträußchens die Forellen einfach damit füllen. Alufolie an den Seiten hochschlagen, je 2 EL Olivenöl und Weißwein angießen und die Folie anschließend verschließen. Die Forellen für 25–35 Minuten in den
5 Backofen geben.

In der Zwischenzeit die Kartoffeln schälen, in kleine Würfel schneiden und
20 in reichlich Salzwasser gar kochen.

Die Kartoffeln abgießen und kurz im Topf abdampfen lassen. Durch eine Kartoffelpresse drücken, anschließend mit Salz, Pfeffer, Muskat würzen
30 und mit dem restlichen Olivenöl verrühren.

Die gegarten Forellen in der Alufolie servieren, das Kartoffelpüree dazu
35 reichen.

plus

Wenn die Augen der Forelle ganz weiß sind, ist das ein sicheres Zeichen, dass der Fisch gar ist.

Dazu passt ein trockener Weißwein, z. B. ein Riesling aus dem Elsass.

Überraschen Sie Ihre Gäste, indem Sie den Fisch im Aluhemd erst am Tisch öffnen, so können Sie das ganze Aroma genießen.

tipps

Anstelle von Olivenöl können Sie die Forellen auch mit Butter zubereiten.

Die Forellen schmecken auch ohne Kartoffelpüree sehr gut. Servieren Sie Baguette oder Olivenbrot dazu. Oder packen Sie die in Scheiben geschnittenen Kartoffeln zusammen mit dem Fisch in die Alufolie und garen Sie sie mit. Eine weitere Rezeptvariante: Ergänzen Sie die Kartoffelscheiben mit Zucchini und Cocktailtomaten. Das schmeckt herrlich sommerlich.

Im Sommer können Sie die Forellen in Alufolie natürlich auch auf dem Holzkohlengrill zubereiten.

Fleisch-Minuten

Dass das Minutensteak eine führende Rolle in der schnellen Küche spielt, liegt auf der Hand. Doch auch Wild, Lamm, Geflügel und sogar ein Schweinebraten stehen, nach unseren Rezepten zubereitet, in kurzer Zeit auf dem Tisch. Achten Sie beim Einkauf auf beste Qualität, dann ist Genuss garantiert.

Fertig in **50** Minuten

Menüvorschlag

1 Bunter Blattsalat
→ Seite 15

2 Schnitzel-Variationen

3 Verschiedene Dips
→ Seite 66 f.

Schnitzel-Variationen

Fertig in **20** *Minuten*

ZUTATEN

0,2 l	Sonnenblumenöl	3 EL	Mehl
2	Eier	50 g	Sesam
	Salz, weißer Pfeffer	40 g	Cornflakes
3	Schweineschnitzel (je ca. 120 g)	1	Zitrone

ZUBEREITUNG

Das Sonnenblumenöl in einer großen Pfanne erhitzen. Die Eier verquirlen,
mit Salz und Pfeffer würzen. Die Schweineschnitzel mit der Hand leicht
5_ klopfen, mit Salz und Pfeffer würzen und im Mehl wenden.

Für das **Schnitzel im Eimantel** das bemehlte Fleisch durch die Eimasse
ziehen und im Sonnenblumenöl gleichmäßig braten. Für das **Sesamschnit-
zel** das in Mehl gewälzte Fleisch in die verquirlten Eier tauchen, anschlie-
ßend im Sesam wenden. Die Körnchen sanft andrücken und ebenso braten.
Für das **Cornflakesschnitzel** die Cornflakes in der Hand leicht zerdrücken,
das melierte Fleisch in die Eimasse tauchen, danach in die Cornflakes legen
15_ und sanft andrücken. Bei mäßiger Hitze in reichlich Sonnenblumenöl braten.

Die fertig gebratenen Schnitzel auf einer Lage Küchenpapier gut abtropfen
lassen. Eine Zitrone in Scheiben schneiden. Die Schnitzel mit den Zitro-
20_ nenscheiben garnieren.

plus

Ich brate die Schnitzel immer zuerst in Sonnenblumenöl und schwenke sie anschließend noch in etwas aufgeschäumter Butter. Oder braten Sie die Schnitzel, wie man das früher gerne gemacht hat, zuerst in Schweineschmalz und dann in Butter.

Dazu passt ein kühles Bier sehr gut.

tipps

- Die Sesamschnitzel können Sie auch ohne Mehl und Ei zubereiten, dazu das Fleisch einfach gleich im Sesam wenden und anbraten.
- Für die Schnitzel-Variationen können Sie auch Pute, Kalb- oder Hähnchenbrustfleisch verwenden.
- Die Schnitzel schmecken auch kalt am nächsten Tag, z. B. in einem Brötchen, mit Salatblättern, Tomatenscheiben und einem Klecks Mayonnaise.

Geschnetzeltes vom Huhn mit Granatapfelkernen

Fertig in 20 Minuten

ZUTATEN

2	kleine Zwiebeln	120 g	frischer Spinat
1	Knoblauchzehe	3 EL	Balsamicoessig
2	Hähnchenbrustfilets		Salz, weißer Pfeffer
6 EL	Olivenöl	2 TL	italienische TK-Kräutermischung
0,1 l	trockener Weißwein	1/2	Granatapfel
0,1 l	Hühnerbrühe		
100 g	Crème fraîche		

ZUBEREITUNG

5_ Zwiebeln und Knoblauch fein würfeln. Die Hähnchenbrustfilets in Streifen schneiden und in einer großen Pfanne in etwas Olivenöl mit den Zwiebelwürfeln anbraten.

10_ Knoblauch dazugeben, mit Weißwein ablöschen, Hühnerbrühe zufügen und zum Schluss die Crème fraîche in die Sauce einrühren.

15_ Den Spinat waschen, putzen und trockentupfen. Balsamico, das restliche Olivenöl sowie Salz und Pfeffer miteinander verrühren. Den Spinat in kleinen Schüsselchen anrichten und die Marinade darüberträufeln.

20_ Kurz vor dem Servieren die italienische Kräutermischung unter das Geschnetzelte rühren. Aus dem Granatapfel die saftigen Kerne herauslösen. Das Gericht mit den Granatapfelkernen bestreuen und den Spinatsalat dazu reichen.

plus

Der Granatapfel stammt ursprünglich aus Persien und gilt seit je als Symbol der Liebe und Fruchtbarkeit. Je dünner die Schale der Frucht ist, desto süßer sind die Kerne!

tipps

Anstelle von Hühnerbrustfilet können Sie für das Gericht auch Putenschnitzel verwenden.

Grünes Hähnchen-Curry

Fertig in **20** *Minuten*

ZUTATEN

0,25 l	Hühnerbrühe	0,1 l	Hühnerbrühe
120 g	Couscous	2 Stangen	Zitronengras
2	kleine Zwiebeln	2 TL	grüne Currypaste
1	Knoblauchzehe	0,2 l	Kokosmilch
2	Hähnchenbrustfilets	1 Bund	Koriander
0,1 l	trockener Weißwein	1 EL	Sojasauce

ZUBEREITUNG

Hühnerbrühe zum Kochen bringen. Couscous hinzufügen und quellen lassen, nach wenigen Minuten abgießen und warm stellen. **5_**

Zwiebeln, Knoblauch und Hähnchenbrustfilets in Würfel schneiden. Das Fleisch mit den Zwiebeln anbraten. Knoblauch dazugeben, mit dem Weißwein ablöschen und mit der Hühnerbrühe auffüllen. Das Zitronengras der Länge nach halbieren. Mit der grünen Currypaste zum Fond geben und 10 Minuten ziehen lassen. **15_**

Das Zitronengras aus dem Fond nehmen, aufkochen, von der Kochstelle ziehen und die Kokosmilch unterziehen. Koriander waschen und grob hacken. Das Geschnetzelte mit der Sojasauce abschmecken, mit dem Couscous anrichten und mit Koriander bestreut servieren. **20_**

plus

Sie können die Kokosmilch auch durch Crème fraîche ersetzen. Die Sauce wird dadurch etwas dicker, aber das stört bei Geschnetzeltem überhaupt nicht.

Sie werden sehen: Dieses raffinierte Currygericht wärmt auch von innen!

tipps

Auch mit kurz gebratenem Rindfleisch schmeckt das grüne Curry sehr gut – es muss ja nicht immer Hähnchen sein.

Kalbskotelett à la Provence

Fertig in 20 Minuten

ZUTATEN

1	grüne Paprikaschote		Salz, weißer Pfeffer
1	gelbe Paprikaschote	3 EL	Sonnenblumenöl
1	rote Paprikaschote	2 EL	Pinienkerne
1	Zwiebel	1 Bund	Basilikum
2	Kalbskoteletts	2 EL	Olivenöl

ZUBEREITUNG

5_ Die Paprikaschoten halbieren, entkernen und waschen. In 2 cm große Stücke schneiden. Zwiebel schälen und grob würfeln.

10_ Das Fleisch mit Salz und Pfeffer würzen. Sonnenblumenöl in einer großen Pfanne erhitzen und die Koteletts darin anbraten.

15_ Nach dem Wenden das ganze Gemüse dazugeben und mitbraten. Zum Schluss die Pinienkerne noch kurz mitrösten.

20_ Basilikum waschen, trockentupfen und die Blättchen abzupfen, über Fleisch und Gemüse streuen. Das Gemüse mit Salz und Pfeffer abschmecken, mit dem kalten Olivenöl beträufeln und sofort servieren.

plus

Das provenzalische Gemüse schmeckt auch zu anderen Fleischsorten wie Rind, Huhn oder Lamm.

tipps

In Südfrankreich werden Grillhähnchen häufig mit diesem Gemüse verkauft. Die Paprika-Zwiebel-Mischung brät am Boden des Grills und der gute Fleischsaft tropft darauf. Das schmeckt einfach köstlich und lässt sich auch zu Hause ganz einfach nachkochen.

Rinderbraten mit Polenta

Fertig in **25** Minuten

ZUTATEN

2 Scheiben	Rinderhüfte oder Rinderlende (je ca. 160 g)	0,2 l	Bratensaft (Seite 101)
	Salz, weißer Pfeffer	3	Knoblauchzehen
3 EL	Sonnenblumenöl	0,6 l	Hühnerbrühe
4	kleine Zwiebeln	200 g	Polenta
1	Karotte	2 EL	Balsamicoessig
0,1 l	trockener Rotwein	50 g	Butter

ZUBEREITUNG

5_ Das Rindfleisch mit Salz und Pfeffer würzen und in einer großen Pfanne mit dem Sonnenblumenöl anbraten.

10_ Zwiebeln schälen und halbieren, Karotte in Scheiben schneiden und zum Fleisch geben. Mit dem Rotwein ablöschen, Bratensaft dazugeben und sanft köcheln lassen.

15_ Knoblauch fein würfeln. Hühnerbrühe mit dem Knoblauch in einem Topf zum Kochen bringen, Polentagrieß langsam einrieseln lassen und dabei umrühren. Polenta zur Seite stellen und einige Minuten quellen lassen.

20_ Inzwischen die Sauce mit dem Balsamico, Salz und Pfeffer abschmecken. Die Butter unterziehen und mit dem Pürierstab aufmixen.

25_ Polenta auf Tellern anrichten, Fleisch mit Zwiebeln und Karottenscheiben dazulegen und mit der Sauce begießen.

plus

Die Polenta können Sie auf zwei verschiedene Arten zubereiten: Wie oben beschrieben bleibt die Polenta cremig und kann so sehr schnell zubereitet und angerichtet werden. Oder man lässt sie im Topf bzw. füllt sie in eine Form um. Nach dem Erkalten wird die Polenta gestürzt, in Scheiben geschnitten und angebraten.

Polenta ist ein schneller und hervorragender Energiespender.

Dazu passt ein kräftiger Rotwein, z. B. ein Barolo aus Italien.

Fertig in
55 Minuten

Menüvorschlag

1 Kartoffelrahmsuppe mit Steinpilzen → Seite 28

2 Tafelspitz mit Spinat

3 Mini-Pancakes → Seite 114

Tafelspitz mit Spinat

Fertig in 30 Minuten

ZUTATEN

1	Karotte	1 Zweig	Petersilie
60 g	Sellerie	2 Scheiben	Tafelspitz (je ca. 130 g)
5	kleine Zwiebeln	20 g	Butter
4	mittelgroße Kartoffeln	400 g	frischer Spinat oder
3	Knoblauchzehen	200 g	TK-Spinat
0,1 l	trockener Weißwein	0,1 l	Hühnerbrühe
1	Lorbeerblatt	0,1 l	Sahne
3	Wacholderbeeren		Salz, weißer Pfeffer,
2	Nelken		Muskat
1 TL	Majoran	2 EL	Sonnenblumenöl

ZUBEREITUNG

Gemüse putzen. Die Karotte in Scheiben und die Sellerie in Würfel schneiden. Die Zwiebeln halbieren und kurz anbraten. Die Kartoffeln schälen und
5_ in Salzwasser gar kochen.

Das Gemüse mit 2 Knoblauchzehen und dem Weißwein in einem Topf mit 0,4 l kaltem Wasser aufkochen lassen. Lorbeerblatt, Wacholderbeeren, Nelken, Majoran und Petersilie sowie das Fleisch dazugeben und bei mäßiger
10_ Hitze ca. 20 Minuten leicht köcheln lassen.

In der Zwischenzeit die restliche Zwiebel und eine Knoblauchzehe fein würfeln. In einem Topf mit der Butter anschwitzen, Spinat dazugeben, mit der Hühnerbrühe auffüllen. Sahne hinzufügen, mit dem Pürierstab aufmi-
20_ xen und mit Salz, Pfeffer und Muskat abschmecken.

Die gekochten Kartoffeln in Scheiben schneiden und in einer Pfanne
25_ gleichmäßig anbraten, mit Salz und Pfeffer würzen.

Das Fleisch aus dem Topf nehmen und auf Tellern anrichten, einige Gemüsescheiben sowie die angebratenen Kartoffeln dazulegen. Die Brühe mit Salz, Pfeffer und Muskat gut abschmecken und sparsam über das Fleisch träufeln.
30_ Den Spinat in einer extra Schale dazu reichen und sofort servieren.

plus

Bereiten Sie zum Tafelspitz einen einfachen Apfel-Meerrettich-Dip zu. Dafür reiben Sie einen geschälten Apfel und etwas frischen Meerrettich ganz fein. Mit ein paar Spritzern Zitronensaft abrunden.

Dazu passt ein kühles Bier oder ein frischer Weißwein, z. B. Grüner Veltliner.

tipps

Wenn Sie Zeit haben, lassen Sie den Tafelspitz ruhig ein bisschen länger garen. Er wird umso zarter!

Statt Tafelspitz können Sie auch Ochsenbrust oder Rinderlende verwenden. Servieren Sie das Gericht dann als „falschen Tafelspitz".

Die Brühe, in der Sie den Tafelspitz gegart haben, können Sie auch vor dem Hauptgang als Suppe servieren. Gut abschmecken und mit etwas Gemüseeinlage (Möhre, Sellerie) und gehackter Petersilie anrichten.

Entenbrust auf Portweinblaukraut

Fertig in 25 Minuten

plus

Die knusprige Ente aus dem Asia-Laden ist den wenigsten bekannt. Die Qualität ist sehr gut und die Zeitersparnis enorm.

Dazu passt ein eisgekühltes Pils oder ein kräftiger Rotwein, z. B. ein Bordeaux oder ein kalifornischer Zinfandel.

tipps

Und so wird Ihre Ente garantiert knusprig: Die Brust mit der Fleischgabel während des Bratens sanft einstechen, immer wieder mit dem austretenden Fleischsaft übergießen, anschließend salzen.

ZUTATEN

1	Apfel	4 Scheiben	Toastbrot
1	große Zwiebel	1	Knoblauchzehe
1 TL	Majoran		Salz, weißer Pfeffer
1 EL	Sonnenblumenöl	200 g	Blaukraut, tiefgekühlt oder aus dem Glas
0,2 l	Bratensaft (Seite 101)	0,2 l	Portwein
65 g	Butter		
2	gebratene Entenbrüste, aus dem Asia-Laden		

ZUBEREITUNG

Backofen auf 220 °C (Heißluft) vorheizen. Den Apfel vierteln, Zwiebel würfeln und mit Majoran im Sonnenblumenöl anbraten. Mit dem Bratensaft ablöschen und leicht köcheln
5_ lassen. 25 g Butter im Gefrierfach kalt stellen.

Entenbrüste auf ein Backblech legen und im vorgeheizten Ofen auf der mittleren Schiene ca. 15 Minuten erwärmen. In der Zwischenzeit das Toastbrot in Rauten schneiden. Knoblauch fein schneiden und mit den Toastbrotwürfeln in der restlichen Butter gleichmäßig anbraten, mit Salz und Pfeffer würzen. Das Blaukraut mit dem Portwein einkochen, sal-
20_ zen, pfeffern und warm stellen.

Das Fleisch aus dem Backofen nehmen, schräg aufschneiden und auf Tellern anrichten. Das Blaukraut und die Brotwürfel dazugeben. Die Sauce passieren, die eiskalte Butter mit
25_ dem Pürierstab aufmixen und über die Ente träufeln.

Schweinefleisch in Tempurateig

Fertig in **25** *Minuten*

ZUTATEN

2	Schweineschnitzel	0,5 l	Sonnenblumenöl
	Salz, Pfeffer	0,1 l	Sojasauce
250 g	Tempurateigpulver aus dem Asia-Laden		Süß-saurer Dip (Seite 67)

ZUBEREITUNG

5_ Das Schweinefleisch in nicht zu kleine Würfel schneiden und mit Salz und Pfeffer würzen. Den Tempurateig aus ca. 200 g Pulver mit kaltem Wasser anrühren, es soll ein dicklicher Teig entstehen. Das Öl in einem großen Topf erhitzen.

10_ Das Fleisch im restlichen Tempurateigpulver wenden, anschließend mit einer Gabel oder mit Stäbchen in den vorbereiteten Tempurateig tauchen und im heißen Fett frittieren.

20_ Die frittierten Schweinefleischwürfel auf einem Backblech mit passendem Rost bei ca. 140 °C (Heißluft) im Ofen warm halten, bis alle Fleischstücke frittiert sind.

25_ Das Schweinefleisch auf Tellern anrichten und mit dem süß-saurem Dip und reichlich Sojasauce servieren.

plus

Reichen Sie zusätzlich zu den Dips etwas Wasabipaste oder Wasabischaum (Seite 77).

Im Asia-Laden erhalten Sie nicht nur die Tempura-Backteigmischung, sondern auch chinesisches Bier, das besonders gut dazu passt.

tipps

Zum Schweinefleisch können Sie noch verschiedene Gemüse, auch zum Dippen, reichen: Salatgurkenscheiben, gedämpfte grüne Bohnen, Sojasprossen, Chicoréesalat.

Hähnchenbrust in Folie

Fertig in 40 Minuten

ZUTATEN

2	mittelgroße Kartoffeln	0,1 l	Hühnerbrühe
250 g	Weißkraut	5	Knoblauchzehen
2 EL	Sonnenblumenöl	0,2 l	Sahne
2	Hähnchenbrustfilets	2 EL	grüne Pfefferkörner
	Salz, Pfeffer		

ZUBEREITUNG

Den Backofen auf 220 °C vorheizen. Gemüse putzen, die Kartoffeln
5_ in Achtel und das Weißkraut in Rauten schneiden.

Für jede Portion ein ausreichend großes Stück Alufolie mit etwas Sonnenblumenöl bepinseln. Weißkraut und Kartoffeln in die Mitte geben. Das Fleisch darauflegen, mit Salz und Pfeffer würzen. Die Alufolie seitlich hochschlagen, jedoch nicht schließen, und die Folien-
10_ pakete in den vorgeheizten Backofen geben.

In der Zwischenzeit die Hühnerbrühe aufkochen. Knoblauch fein schneiden. Die Sahne langsam in die Brühe rühren, grüne Pfefferkörner und Knoblauch dazugeben. Das Ganze 5 Minuten stark einkochen lassen. Den Sahnefond über die Hähnchenbrustfilets gießen,
40_ weitere 25 Minuten garen. In der Alufolie servieren.

plus

Anstelle von grünen Pfefferkörnern können Sie mehr Knoblauch für den Sahnefond verwenden und zum Weißkraut gleich jeweils eine Handvoll Rosinen hinzugeben.

Dazu passt ein trockener Riesling, z. B. aus der Wachau.

Für Ihre Gäste können Sie die Alupakete verschließen und jedem sein persönliches Überraschungshuhn servieren.

Hähnchenflügel mit wilden Kartoffeln

Fertig in **35** *Minuten*

ZUTATEN

5	mittelgroße Kartoffeln	2 TL	Honig
14	Hähnchenflügel		versch. Dips (Seite 66f.)
	Salz, Pfeffer, Paprika		

ZUBEREITUNG

5_ Den Backofen auf 220 °C vorheizen. Kartoffeln schälen, der Länge nach achteln. Ein Backblech einfetten. Die Kartoffeln und die Hähnchenflügel daraufsetzen, mit Salz, Pfeffer und Paprika kräftig würzen.

35_ Das Blech in den Backofen schieben, nach ca. 15 Minuten die Hähnchenflügel mit Honig überziehen und weitere 15 Minuten braten. Hähnchenflügel auf Tellern mit den wilden Kartoffeln anrichten. Dips dazu servieren.

plus

Zum Würzen der Hähnchenflügel verwende ich edelsüßen Paprika. Er ist nicht ganz so scharf und gibt den richtigen Geschmack. Wer es exotischer liebt, kann die Hähnchenflügel noch mit Curry und kurz vor dem Servieren mit frischem, gehacktem Koriander bestreuen.

Ein eisgekühltes Pils passt gut dazu.

Ein ideales Essen für Gäste, da man die Hähnchenflügel gut vorbereiten und problemlos erwärmen kann.

Fertig in
60 Minuten

Menüvorschlag

1 Gefüllte Salatblätter
→ Seite 53

2 Schweinebraten mit Blitzknödel

3 Mini-Pancakes
→ Seite 114

Schweinebraten mit Blitzknödel

Fertig in 40 Minuten

ZUTATEN

1	Karotte	1 Zweig	Petersilie
3	kleine Kartoffeln	1 TL	Kümmel
1	kleines Stück Sellerie	0,2 l	Hühnerbrühe
5	kleine Zwiebeln	0,1 l	Bier
2 Scheiben	Schweinehals (je ca. 130 g)	20 g	Butter
	Salz, weißer Pfeffer,	0,1 l	Milch
	Kümmel, Muskat	200 g	Toastbrot
2 TL	Sonnenblumenöl	2	Eier
2	Knoblauchzehen	150 g	Sauerkraut
1	Lorbeerblatt	0,1 l	trockener Weißwein
½ TL	Majoran	4 EL	Apfelmus

ZUBEREITUNG

5_ Gemüse putzen. Die Karotte in Scheiben schneiden, Kartoffeln vierteln, Sellerie würfeln, 4 Zwiebeln halbieren.

10_ Die Schweinehalsscheiben mit Salz, Pfeffer und Kümmel würzen. In einer großen Pfanne mit etwas Sonnenblumenöl auf beiden Seiten kräftig anbraten. Das Gemüse und die Knoblauchzehen dazugeben und mitbraten. Die Kräuter hinzufügen, mit der Hühnerbrühe und dem Bier auffüllen und bei mäßiger Hitze ca. 20 Minuten leicht köcheln lassen. Die ersten 10 Minuten mit Deckel, dann den Deckel entfernen.

20_ In der Zwischenzeit für die Knödel einen Topf mit Wasser aufsetzen und zum Kochen bringen. Die restliche Zwiebel fein würfeln, in der Hälfte der Butter anschwitzen, mit der Milch aufgießen und aufkochen lassen. Mit Salz, Pfeffer und Muskat abschmecken, von der Kochstelle ziehen. Toastbrot würfeln, zur Milch geben und gut umrühren. Kurz stehen lassen, anschließend nach und nach die Eier dazugeben und gut vermischen.

25_ Zwei nicht zu hohe Kaffeetassen oder Souffléförmchen mit der restlichen Butter fetten, die Knödelmasse einfüllen, die Tassen in das kochende Wasser stellen und ca. 15 Minuten zugedeckt köcheln lassen.

30_ Das Sauerkraut mit Weißwein und Apfelmus aufkochen. Mit Salz und Pfeffer abschmecken.

40_ Fleisch mit dem Gemüse und der Sauce auf Tellern anrichten, Knödelsoufflé aus den Tassen stürzen, in Scheiben schneiden und dazulegen. Sauerkraut in einem Sieb abtropfen lassen und dazu servieren. Mit Pfeffer abschmecken.

plus

Für einen Schweinebraten müssen Sie nicht mehr den ganzen Vormittag in der Küche verbringen. Durch die schnelle Zubereitung der dünnen Fleischscheiben schaffen Sie den Schweinebraten mit Beilagen in einer guten halben Stunde.

Zum Schweinebraten genießen Sie am besten ein eiskaltes Bier.

tipps

Die Knödelmasse eignet sich auch wunderbar zum Einfrieren. Dafür Knödel formen, in gebutterte Alufolie einwickeln und im kochenden Salzwasser garen. Die Knödel werden so schön flaumig. Anschließend aus der Alufolie nehmen, in Frischhaltefolie einwickeln und tiefkühlen. So haben Sie stets Knödel auf Vorrat und können jederzeit darauf zurückgreifen.

Lammrücken auf Bohnen-Kartoffel-Gröstl

Fertig in **30** *Minuten*

ZUTATEN

1	Lammrücken, ausgelöst (ca. 300 g)	1	Knoblauchzehe
	Salz, weißer Pfeffer	2	kleine Zwiebeln
2 EL	Sonnenblumenöl	50 g	Speck
0,2 l	Bratensaft (Seite 101)	200 g	grüne Bohnen
4	gekochte Kartoffeln	25 g	eiskalte Butter

ZUBEREITUNG

Den Backofen auf 220 °C vorheizen. Den Lammrücken salzen, pfef-
fern und in einer Pfanne mit etwas Sonnenblumenöl von allen Sei-
5_ ten gleichmäßig anbraten.

Das Fleisch in eine ofenfeste Form oder in die Saftpfanne geben.
Mit dem Bratensaft auffüllen und in dem vorgeheizten Backofen
10_ 10-15 Minuten garen.

Inzwischen Kartoffeln in Scheiben schneiden. Knoblauch und Zwiebel
fein würfeln, Speck in Streifen schneiden. Kartoffeln mit Speck, Zwie-
beln und Knoblauch in der Pfanne anbraten. Die Bohnen dazugeben
und das Ganze 10 Minuten zugedeckt ziehen lassen. 5 Minuten ohne
25_ Deckel weiterbraten und mit Salz und Pfeffer würzen.

Das Lamm aufschneiden und mit den Kartoffeln auf Tellern anrich-
ten. Die eiskalte Butter zur Sauce geben, mit dem Pürierstab aufmi-
30_ xen und über das Fleisch träufeln.

plus

Servieren Sie Lamm grundsätzlich nur auf vorgewärmten Tellern.

Servieren Sie dazu einen gehaltvollen Rotwein, z. B. Vino nobile di Montepulciano.

Wild im Kräuterfond

Fertig in 45 Minuten

ZUTATEN

300 g	Wildgulasch, klein gewürfelt	0,3 l	trockener Rotwein
2 EL	Sonnenblumenöl	0,2 l	Hühnerbrühe
4	mittelgroße Kartoffeln	2	Lorbeerblätter
1	Karotte	4	Wacholderbeeren
100 g	Sellerie	1 Zweig	Thymian
2	kleine Zwiebeln	25 g	eiskalte Butter
1	Knoblauchzehe	2 EL	Balsamicoessig
50 g	Speck		Salz, weißer Pfeffer
2 EL	Tomatenmark	2 EL	Preiselbeeren

ZUBEREITUNG

Die Fleischwürfel in einem Topf mit dem stark erhitzten Sonnenblumenöl anbraten. Gemüse putzen und schälen. Kartoffeln vierteln, Karotte in Scheiben schneiden, Sellerie, Knoblauch und Zwiebeln würfeln, Speck in Streifen
5_ schneiden.

Das ganze Gemüse sowie die Speckstreifen zum Fleisch geben und kurz mitbraten. Das Tomatenmark hinzufügen, miträsten und mit Rotwein und Hühnerbrühe auf-
10_ gießen. Aufkochen lassen.

Lorbeerblatt, Wacholderbeeren und Thymian zum Wildfond geben und im geschlossenen Topf 30 Minuten
40_ köcheln lassen.

Den Deckel abnehmen und die Sauce mit Butter, Balsamicoessig sowie Salz und Pfeffer abschmecken. Das Fleisch aus dem Fond nehmen und auf Tellern anrichten. Gemüse und Fond dazugeben, mit Preiselbeeren garniert
45_ servieren.

plus

Wildfleisch ist fettarm und leicht verdaulich.

Dazu passt ein im Holzfass ausgebauter trockener Rotwein, z. B. ein Lemberger.

tipps

Schmecken Sie die Wildsauce zur Abwechslung mal mit Lebkuchengewürz und Bitterschokolade ab. Das ist ein ganz neues Geschmackserlebnis.

Das richtige Anbraten ist entscheidend für einen guten Bratensaft. Das frische Gemüse (ganz hinten) ist in der Mitte der Pfanne bereits angebraten und vorne mit Tomatenmark geröstet und abgelöscht.

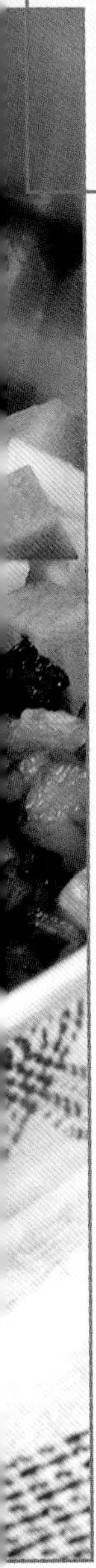

Bratensaft

Fertig in 30 Minuten

ZUTATEN

1	Karotte	2	Nelken
4	Champignons	2	Wacholderbeeren
1/4	Knollensellerie	1 Msp.	Majoran
1	Petersilienwurzel	1 Msp.	gemahlener Kümmel
1	Zwiebel	2 Msp.	mittelscharfer Senf
120 g	Blaukraut	10 g	Zartbitterschokolade
1-2 TL	Sonnenblumenöl	1	Knoblauchzehe
2 TL	Tomatenmark	25 g	Butter
1/2 l	Rotwein, z. B. Rioja	1 TL	Balsamicoessig
1/2 l	Hühnerbrühe oder Wasser		Salz, Pfeffer
2	schwarze Pfefferkörner		

ZUBEREITUNG

Das Gemüse unter fließendem Wasser abwaschen und trockentupfen. Karotte, Champignons, Sellerie, Petersilienwurzel, Zwiebel und Blaukraut in feine Würfel
5_ schneiden und in einem breiten Topf mit dem Sonnenblumenöl anrösten.

Den Röstvorgang bei starker Hitze fortsetzen, das Gemüse muss eine dunkelbraune Farbe annehmen. Die Röststoffe, die sich dabei am Topfboden bilden, mit der Bratenschaufel oder einem flachen Holzlöffel immer wieder lösen. Das Tomatenmark zum Gemüse geben und mitrösten. Die Farbe des Tomatenmarks verändert sich
10_ beim Rösten in Rotbraun.

Knoblauch fein schneiden. Das Röstgemüse mit Rotwein und Hühnerbrühe ablöschen. Pfefferkörner, Nelken, Wacholderbeeren, Majoran, Kümmel, Senf und die Zartbitterschokolade sowie den Knoblauch hinzufügen. Anschließend kräftig
15_ köcheln lassen.

Das Gemüse weich garen, gegebenenfalls noch etwas Hühnerbrühe oder Wasser
20_ dazugeben. Dabei sollte das Gemüse stets mit Flüssigkeit bedeckt sein.

Das Ganze mit dem Pürierstab aufmixen und nochmals ca. 2 Minuten bei leichter
25_ Hitze köcheln lassen. Anschließend durch ein feines Sieb passieren.

Die kalte Butter und den Balsamico in den Bratensaft geben, mit dem Pürierstab
30_ aufmixen und mit Salz und Pfeffer abschmecken.

plus

So bereiten Sie Bratensaft auf Vorrat: Den fertigen Saft in ein Schraubglas füllen, einen Löffel dazustellen und im Kühlschrank offen auskühlen lassen. Erst dann verschließen. So hält der Bratensaft länger als eine Woche und kann zum Verfeinern verschiedener Saucen verwendet werden. Zum Einfrieren verwenden Sie am besten einen Eiswürfelbehälter. So steht Ihnen immer eine gute und gesunde Basis zur Verfügung.

tipps

* Nehmen Sie statt frischem Gemüse ruhig tiefgekühltes. Sie sparen sich die Schnippelei und sind dadurch noch schneller fertig. Oder Sie verwenden einen Gemüsehobel mit auswechselbaren Einsätzen, dann geht es ruck, zuck!

* Der Bratensaft ist die schmackhafte Basis für zahlreiche Saucenabwandlungen:
Zu Wild, Lamm und Rindfleisch können sie den Bratensaft mit frischen Kräutern verfeinern.
Zu kurz gebratenem Fleisch können Sie mit getrockneten, eingeweichten oder auch mit frischen Pilzen und Sahne eine feine Pilzsauce zubereiten. Geeignet sind z. B. Pfifferlinge, Steinpilze und Morcheln.
Zu kurz gebratenem Rindfleisch oder zum Schmoren von Rouladen erhalten Sie mit Senf und Zwiebeln verfeinert eine gute Sauce.

Sahnesaucen

Fertig in 10 Minuten

ZUTATEN

1	kleine Zwiebel	200 g	Crème fraîche
20 g	Butter		Muskat, Salz,
0,1 l	trockener Weißwein		weißer Pfeffer
0,1 l	Hühnerbrühe		

ZUBEREITUNG

5_ Die Zwiebel fein würfeln, in der Butter glasig schwitzen, mit dem Weißwein ablöschen, Hühnerbrühe dazugeben und leicht einköcheln lassen.

10_ Die Crème fraîche darunterziehen, mit Muskat, Salz und weißem Pfeffer abschmecken.

Für eine Trüffelcremesauce:

Die vorbereitete Sauce mit 1–2 TL weißem Trüffelöl aromatisieren.

Passt sehr gut zu Schollenröllchen, Hummer oder großen Garnelen, Kalbfleisch und Pasta.

Für eine Kaperncremesauce:

2–4 TL kleine Kapernbeeren zur vorbereiteten Sauce geben.

Schmeckt hervorragend zu gebratenem Dorsch, Hecht und Seezunge, auch sehr gut zu gebratenem Rind-, Hähnchen- und Putenfleisch.

Für eine Pilzcremesauce:

Je 4 Champignons und Austernpilze in Scheiben schneiden, anbraten und mit der Sahnesauce aufgießen. Einige Minuten ziehen lassen, mit Petersilie bestreut servieren.

Diese Sauce ist ein schneller Genuss zu Pasta, Hähnchen-, Puten-, Schweine- und Kalbfleisch. Kombinieren Sie einfach noch Preiselbeeren dazu.

Für eine Kräutercremesauce:

Die Sahnesauce mit frischen oder gefrorenen klein gehackten Kräutern abschmecken.

Kräutercremesauce ist absolut universal, schmeckt zu Schweine-, Kalb-, Rind- und Geflügelfleisch sowie Pasta.

Für eine asiatische Sahnesauce:

Etwas grüne Currypaste und der Länge nach halbiertes Zitronengras in der Hühnerbrühe köcheln lassen, anschließend mit Crème fraîche abschmecken.

Die exotische Variante schmeckt zu Rindfleisch, Geflügelfleisch, Lammfleisch und auch zu Garnelen. Anstelle der grünen Currypaste können Sie auch mal rote Currypaste probieren.

Dessert-Minuten

Ein leckerer Nachtisch ist einfach der krönende Abschluss bei jedem Menü. Leicht und schnell gezaubert, aus frischen Früchten, Eis oder Schokolade, sind diese verführerischen Desserts eine süße Sünde wert – wer könnte da widerstehen?

Basilikum-sorbetti

Fertig in 10 Minuten

ZUTATEN

1 Bund	Basilikum	4 cl	Wodka
50 g	Zitroneneis	0,2 l	Sahne
0,3 l	Prosecco		

ZUBEREITUNG

5_ Basilikum waschen, trockentupfen und die Blättchen vom Stiel zupfen.

Zitroneneis und Basilikum zu dem eiskalten Prosecco geben. Das Ganze mit dem Pürierstab aufmixen, mit Wodka und Sahne
10_ abschmecken und servieren.

plus

Das Basilikumsorbetti ist ein wunderbar kühlender Zwischengang, z. B. vor dem Fleischgericht.

tipps

Servieren Sie die Sorbetti in Gläsern mit Zuckerrand. Das geht ganz einfach: Auf den Glasrand ein Zitronenviertel stecken und über den Glasrand ziehen. Sofort in etwas Zucker auf einem Unterteller tauchen und der Zuckerrand ist fertig. Beim Eingießen darauf achten, dass keine Flüssigkeit mit dem Zucker in Berührung kommt.

Fruchtsorbetti

Fertig in 5 Minuten

ZUTATEN

0,3 l	Prosecco	4 cl	Wodka
150 g	gemischte Beerenfrüchte (z. B. Erdbeeren, Himbeeren oder Aprikosen)	0,2 l	Sahne
			einige Minzeblättchen

ZUBEREITUNG

Die Früchte und den eiskalten Prosecco mit dem Pürierstab aufmixen. Mit Wodka und Sahne abschmecken und mit Minzeblättern garnieren.
5_ Sofort servieren.

Beeren-Cappuccino

Fertig in 5 Minuten

ZUTATEN

200 g	gemischte Beerenfrüchte
4–6 EL	Honig
1	Zitrone
2 Päckchen	Vanillezucker
250 g	Mascarpone
	Zimt
	einige Minzeblättchen

ZUBEREITUNG

5_ Die Beerenfrüchte mit dem Honig verrühren und in Gläser füllen. Die Zitrone auspressen, den Saft mit Vanillezucker und Mascarpone verrühren. Die Mascarponecreme locker über die Beerenfrüchte geben. Mit Zimt bestreuen und mit Minze dekoriert servieren.

Variante

Bereiten Sie den Früchte-Cappuccino statt mit Beeren auch mal mit Kirschen, Pfirsichen oder Bananen zu.

Fertig in 40 Minuten

Menüvorschlag

1 Bunter Blattsalat → Seite 15

2 Geschnetzeltes vom Huhn → Seite 86

3 Beeren-Cappuccino

plus

Dem Duft von Zimt kann angeblich keiner widerstehen. Also sparen Sie nicht damit!

Ein wunderbares Dessert für Gäste! Blitzschnell vorzubereiten und dann nur noch vor dem Servieren kurz dekorieren.

tipps

Ersetzen Sie den Zimt zur Abwechslung durch Schokoladenstreusel, Kakaopulver oder Ahornsirup.

Schokoladen-Cappuccino

Fertig in 10 Minuten

ZUTATEN

100 g	Zartbitterschokolade	4–6 EL	Honig
250 g	Mascarpone	1 TL	Pistazien
1 TL	Zimt		

ZUBEREITUNG

5_ Die Schokolade klein schneiden und in einer Pfanne bei schwacher Hitze vorsichtig schmelzen.

10_ Die Mascarpone mit Zimt und Honig verrühren und in Gläser füllen. Die lauwarme Schokolade über die Mascarponecreme gießen und das Dessert mit Pistazien garniert servieren.

tipps

* Anstelle der Pistazien können Sie auch kandierte Kirschen, Pinienkerne oder Walnüsse verwenden.
* Zur Mascarponecreme passen auch Fruchtsaucen ganz ausgezeichnet.

Fertig in 55 Minuten

Menüvorschlag

1 Hühnersuppe mit Gemüse → Seite 35

2 Rotwein-Risotto → Seite 64

3 Schokoladen-Cappuccino

Schokoladenschaum

Fertig in 30 Minuten

ZUTATEN

0,2 l	Sahne	1 cl	Cognac
100 g	weiße Schokolade	100 g	Himbeeren
100 g	Mascarpone (entfällt bei der Variante mit dem Sahnesyphon)		

ZUBEREITUNG

5_ Schokolade klein schneiden und in einem heißen Wasserbad sanft schmelzen. Die Sahne leicht schlagen, sie darf nicht fest werden.

10_ Die Mascarpone zur Schokolade geben und gut verrühren, Cognac hinzufügen.

25_ Die leicht geschlagene Sahne unter die Schokoladen-Mascarpone-Masse heben, in eine flache Form füllen und für 15 Minuten im Gefrierfach kalt stellen.

30_ Von dem Schokoladenschaum mit einem Löffel Nocken abstechen und mit den Himbeeren anrichten.

Variante

Wenn Sie einen Sahnesyphon besitzen, gehen Sie so vor: Die Schokolade klein schneiden und in den Sahnesyphon geben. In kochendes Wasser stellen und die Schokolade dadurch schmelzen.

Sahnesyphon aus dem Wasserbad nehmen, Sahne dazugeben und das Gefäß unter kaltem Wasser leicht abkühlen. Den Sahnesyphon verschließen, gut schütteln und mit einer Gaspatrone unter Druck setzen.

Die Himbeeren auf Tellern anrichten, den Sahneschaum dazuspritzen und servieren.

tipps

* Statt weißer Schokolade können Sie auch Zartbitter- oder Vollmilchschokolade verwenden.

* Der Schokoladenschaum schmeckt natürlich auch mit anderen frischen Früchten sehr gut.

Fertig in
55 Minuten

Menüvorschlag

1 Geeiste Gurkensuppe
→ Seite 37

2 Lachsnudeln mit Fenchel
→ Seite 46

3 Gratinierte Eisbirne

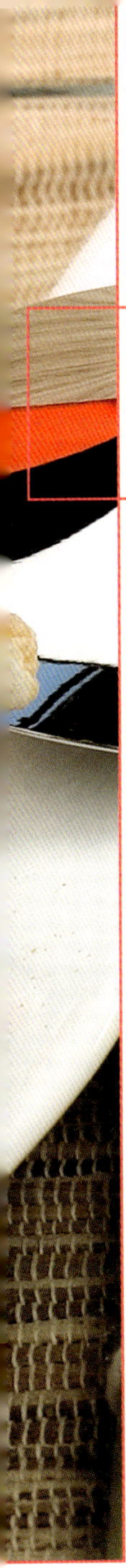

Gratinierte Eisbirne

Fertig in 15 Minuten

ZUTATEN

40 g	Zucker	150 g	gemischte Beerenfrüchte
1	Birne	6 EL	Sahne
2	Eiweiß	1 Bund	Minze
1 Päckchen	Vanillezucker		Puderzucker
2 Kugeln	Vanilleeis		Zimt

ZUBEREITUNG

Den Backofen auf 220 °C Grill vorheizen. In einem Topf Wasser mit Zucker zum Kochen bringen. Die Birne schälen, halbieren, entkernen und in einigen Minuten fast weich, mit leichtem Biss, kochen. Zum Abkühlen in
5_ kaltes Wasser legen, herausnehmen und trockentupfen.

Eiweiß mit Vanillezucker steif schlagen. Birnenhälften mit dem Vanilleeis füllen, jeweils einen Klecks Eiweiß auf das Eis und die Birnen geben.
10_ 3-6 Minuten unter den Grill stellen, bis das Eiweiß schön gebräunt ist.

Die Beerenfrüchte mit dem Pürierstab aufmixen und durch ein Sieb passieren. Die Sahne mit einer Gabel in einem tiefen Teller leicht schlagen. Die Beerensauce auf Tellern anrichten und die gratinierte Birne dazusetzen. Den Beerenspiegel mit der Sahne verzieren, mit Minze, Puderzucker und
15_ Zimt bestreut servieren.

Variante

Füllen Sie die Birne zur Abwechslung auch mal mit Marzipan oder mit einer anderen Eissorte.

plus

Wenn keine frischen Birnen zur Verfügung stehen, können Sie auch Früchte aus der Dose verwenden.

Servieren Sie dazu einen Dessertwein oder ein Glas Prosecco. Auch ein kräftiger Mokka passt gut dazu.

Gratinierte Desserts kommen bei meinen und in Zukunft sicherlich auch bei Ihren Gästen immer hervorragend an.

tipps

Raspeln Sie einfach noch etwas Schokolade über das Dessert oder verwenden Sie Kakaopulver statt Zimt.

Anstelle des Beerenspiegels können Sie den Schokoladenschaum (Seite 109) mit Zartbitter- oder Vollmilchschokolade zubereiten und die Birnenhälften darauf anrichten.

Flambierte Früchte

Fertig in 10 Minuten

plus

Flambieren funktioniert ganz einfach: Erwärmen Sie den Cognac in einem kleinen Töpfchen, entzünden Sie ihn vorsichtig und gießen Sie den brennenden Cognac über die Früchte.

Flambierte Früchte sind ein leichtes und sehr schnelles Dessert, das auch für Gäste, vor allem im Sommer, gut geeignet ist.

Servieren Sie dazu ein Glas Champagner.

ZUTATEN

25 g	Butter
3	Zwetschgen
1-2 EL	Honig
4 cl	Cognac
2 Kugeln	Vanilleeis
	Puderzucker
	Zimt
1 Bund	Minze
1 TL	rote Pfefferkörner

ZUBEREITUNG

5_ Butter in einer Pfanne aufschäumen lassen, die Zwetschgen in dünne Spalten schneiden und in der Butter vorsichtig anbraten.

10_ Die Früchte wenden und mit dem Honig glasieren. Mit Cognac übergießen und schnell flambieren. Die Früchte mit dem Vanilleeis anrichten. Mit Puderzucker, Zimt, Minze und roten Pfefferkörnern dekoriert servieren.

Variante

Außer Zwetschgen eignen sich auch Pfirsiche, Aprikosen, Bananen und Birnen für dieses Dessert.

Zabaione

Fertig in 15 Minuten

ZUTATEN

2	Eigelbe	4 EL	Prosecco
20 g	Puderzucker	2 Msp.	Kaffeepulver

ZUBEREITUNG

5_ Alle Zutaten in eine Schüssel geben und mit dem Schneebesen weißschaumig schlagen.

10_ Das Gefäß in ein lebhaft kochendes Wasserbad stellen und gleichmäßig weiter aufschlagen, bis die Masse dicklich wird und zu steigen beginnt.

15_ Die Zabaione schnell in Gläser füllen und mit dem Kaffee bestreut servieren.

plus

Servieren Sie dazu einen süßen Dessertwein.

Ein wunderbarer Abschluss für ein mehrgängiges Menü und bestimmt ein gelungener Auftakt für einen Abend in Zweisamkeit.

tipps

Servieren Sie zur Zabaione selbst gemachte Blätterteighippen. Dazu Backofen auf 220 °C vorheizen, Blätterteig in Rauten schneiden und auf ein Backblech mit Backpapier legen. Die Rauten in 8–12 Minuten leicht hellbraun backen und noch heiß mit etwas Puderzucker bestreuen.

Zabaione lässt sich vielfältig abwandeln. Statt Prosecco können Sie z. B. Madeira verwenden.

Ersetzen Sie das Kaffeepulver auch mal durch Zimt oder durch etwas Kakao.

plus

Je nach Mehlsorte benötigen Sie für dieses Rezept mehr oder weniger Milch. Ich empfehle, mit wenig Milch zu beginnen. Sollte der Teig zu dick werden, können Sie immer noch mit Flüssigkeit nachhelfen.

Die Pancakes können Sie prima vorbacken. Sie brauchen sie dann nur noch erwärmen und dekorieren. Die kleinen Pfannkuchen sind auch eine nette Überraschung für das Sonntagsfrühstück.

tipps

Servieren Sie zu den Pancakes etwas leicht aufgeschlagene, gut gesüßte Sahne.

Mini-Pancakes

Fertig in 15 Minuten

ZUTATEN

2	Eier	1	unbehandelte Orange
1 Päckchen	Vanillezucker	40 g	Marzipanrohmasse
40 g	Zucker	50 g	Schokoladeraspel
ca. 0,3 l	Milch	8	Himbeeren
180 g	Mehl	4 TL	Pistazien
2 TL	Backpulver	20 g	Puderzucker
0,1 l	Sonnenblumenöl		

ZUBEREITUNG

5_ Die Eier in eine Schüssel aufschlagen, Vanillezucker und Zucker dazugeben und gut verrühren. Die Milch daruntermischen, weiterrühren und langsam das Mehl und das Backpulver dazugeben, bis ein dicklicher Teig entsteht.

10_ In einer Pfanne das Sonnenblumenöl erhitzen. Kleine Pancakes darin ausbacken und auf Tellern anrichten.

15_ Die Orange waschen und in Scheiben schneiden. Die Pancakes mit klein geschnittenem Marzipan und Schokolade oder mit Himbeeren oder Orangenscheiben belegen. Mit Puderzucker und Pistazien bestreut servieren.

Blätterteig-Törtchen

Fertig in 20 Minuten

ZUTATEN

1 Päckchen	TK-Blätterteig
120 g	Marzipanrohmasse
1	Minibanane
1	Zwetschge
1	Apfel
8	Himbeeren
6 cl	Rum
1 EL	Aprikosenmarmelade
20 g	Puderzucker
4 TL	Pistazien

ZUBEREITUNG

5_ Den Backofen auf 220 °C vorheizen. Blätterteigplatten ausbreiten und mit einem Glas runde Teigblätter ausstechen. Die Blätterteigkreise auf ein Backblech mit Backpapier legen und mit einer Gabel mehrmals einstechen.

10_ Die Marzipanmasse und die Banane in Scheiben, die Zwetschge und den Apfel in Streifen schneiden. Das Marzipan möglichst dünn auf dem Blätterteig verteilen und mit den Früchten unterschiedlich belegen.

20_ Rum und Aprikosenmarmelade verrühren, die Blätterteigteilchen damit glasieren. In den Backofen geben und auf mittlerer Schiene 8-12 Minuten knusprig braun backen. Mit Puderzucker und Pistazien bestreut servieren.

plus

Servieren Sie dazu Vanilleeis oder geschlagene, gesüßte Sahne.

Dazu passt ein spritziger, gut gekühlter Schaumwein, eventuell mit einigen Himbeeren.

Bei diesen Variationen ist bestimmt für jeden Gast das Richtige dabei.

Alle Rezepte sind für 2 Personen

Danksagung

Danke schön möchte ich an dieser Stelle allen Menschen sagen, die mich bei meiner täglichen Arbeit unterstützen. Insbesondere aber Inge, meiner großen Liebe, die mich täglich inspiriert und mir immer wieder die schönen Seiten des Lebens zeigt, ihrer Familie Renate und Fritz, die so vieles in unserem Leben möglich gemacht haben, besonders auch meiner Mutter, die mich schon in jungen Jahren zur Gastronomie geführt hat, und auch Andreas. Freunde können eine große Hilfe und Inspiration im Leben eines jungen Mannes sein, in diesem Sinne ein Dankeschön an Birgit Proske Meisner, Waging am See sowie Brigitte Eschbaumer und Dr. Lutz Schemperg aus München.

Das kulinarisch hoch gelobte Wien ist meine neue Heimat geworden, hier danke ich besonders meinen engsten Freunden Isabella und Kurt Schwarz sowie Prof. Dr. med. Wolfgang Happak, der mit mir Ernährungsmanagement-Seminare durchführt; Cornelia Böhm und auch Robert Wietrzyk, der mich seit vielen Jahren in allen rechtlichen und buchhalterischen Dingen vorzüglich berät und ein enger Freund geworden ist. Außerdem Dr. Michael Schönberg und Alice Kittl, Bettina und Franz Ortner und Miroslaw Homola. Besonderer Dank geht auch in die Schweiz an Ralf-Frederick Böttger, der mich, wie alle anderen auch, aber in besonderer Weise zu immer neuen Gedanken anregt und mich unterstützt. Danke auch an Helmut und Gloria nach Bukarest; und an Dr. Gerhard Geisseder, der als Architekt wunderschöne und funktionale Lebensräume schafft, und Dr. med. Horst Nussmüller aus Deutschlandsberg, der mir als Berater und Mentor stets zur Seite steht.

Danken möchte ich auch meinen Lehrern, allen voran Alfons Schuhbeck, der mir einen hervorragenden Start in das Berufsleben ermöglicht hat, Helmut Wieshuber, den besten Berufschullehrer, den man sich wünschen kann, und Heinz Seyr, der mir mit viel Geduld das Saucenkochen im Kurhausstüberl in Waging am See beigebracht hat; Hans Haas, den ich bei meinem kurzen Gastspiel im Münchner Tantris von der Serviceseite aus über die Schulter schauen konnte, und auch allen anderen Berufskollegen, Arbeitgebern und Lieferanten. Danke auch an Horst Heller, Frau Dr. Hufnagel, Jürgen Bauer, Karl Metlicka, Herrn Urbanek und Johannes Pöcksteiner, die für neue Ideen immer aufgeschlossen waren. Und natürlich auch allen Mitarbeiterinnen und Mitarbeitern, besonders meiner Assistentin Alexandra Kreiner und Sebastian Ruttner. Ein Dankeschön auch an Frau Dr. Sinhuber vom Amalthea Verlag in Wien, die mich zum Kosmos Verlag gebracht hat, und Dr. Eva Eckstein, die dieses Buch dort betreut hat.

thomassixt.com
food style photo

Impressum

Umschlaggestaltung von eStudio Calamar unter Verwendung von 4 Farbfotos von Thomas Sixt.

Mit 162 Farbfotos

Wir bedanken uns bei Thomas rosenthal group, die für die Fotos Porzellan zur Verfügung gestellt haben.

Bibliografische Information Der Deutschen Bibliothek
Die Deutsche Bibliothek verzeichnet diese Publikation in der Deutschen Nationalbibliografie; detaillierte bibliografische Daten sind im Internet über http://dnb.ddb.de abrufbar.

Gedruckt auf chlorfrei gebleichtem Papier

ISBN-13: 978-3-440-10514-6
ISBN-10: 3-440-10514-8
Foodfotografie: Thomas Sixt
Redaktion: Eva Eckstein, Petra Niethammer
Layout und Satz: solutioncube GmbH, Reutlingen
Produktion: Jürgen Bischoff
Printed in Slovakia / Imprimè en Slovaquie